– 철학적이고 경제학적인 통찰

부자가
된다는 것

Why It's OK to Want to Be Rich

– 철학적이고 경제학적인 통찰

부자가 된다는 것

Why It's OK to Want to Be Rich

제이슨 브레넌 지음 · 홍권희 옮김

아라크네

일러두기

1. 인명 및 지명 등은 국립국어원 외래어표기법을 따랐습니다.
2. 원문의 출처는 참고 문헌으로 대체하였습니다.
3. 옮긴이의 주석은 본문의 괄호 안에 삽입하였습니다.
4. 원문의 그래프 내용은 본문에 풀어 넣었습니다.
5. 중복되어 나오는 일부 내용과 전체적인 주제와 관련 없는 일부 내용은 삭제하였습니다.

아무런 문제가 없다

돈에 대한 관념이 바뀌었다

우리 주변에는 돈을 악착같이 벌어야겠다고 결심하고 실제로 그렇게 살아가는 사람이 있다. 반면에 그저 벌리는 대로만 벌겠다고 편하게 생각하는 사람도 있다. 보통은 두 가지 생각 사이에서 왔다 갔다 하며 살고 있을 것이다. 물론 부자가 되겠다고 결심해야만 돈을 벌 수 있는 것도 아니고, 결심했다고 해서 그대로 다 할 수 있는 것도 아니다.

어느덧 60대 이상이 되어 버린 한국의 베이비부머는 6·25 전쟁 직후 어려운 상황에서 어린 시절을 보냈다. 이들은 '커서 돈을 많이 벌라'는 실질적인 가르침을 받기도 했지만 '황금 보기를 돌같이 하라'는 식의 교육을 틈나는 대로, 어쩌면 더 많이 받았다.

벼 낟가리를 밤에 몰래 더 갖다주는 형제간의 우애도 교과서를 통해 배웠다. 욕심 덜 내기, 부족해도 참기, 양보하기, 나누기, 사치 아닌 검소를 삶의 덕목으로 여기도록 배웠다. 당시 경제 상황 등에 맞춰 필요한 사회 윤리였을 것이다. 지금 시점에서 그 시절을 돌아보면 돈이나 경제에 대한 교육으로는 한쪽에 치우친 감이 있다.

이후 세대는 일반적으로 훨씬 더 풍요로운 환경에서 살았다. 돈에 대한 관념도 훨씬 자유로워진 듯하다. 돈에 관한 도덕 시험에서 정답이 하나만 있는 게 아니라는 것을 깨달은 것 같다. 가치관, 인생관이 다양해진 M세대, Z세대는 더 말할 것도 없다. MZ세대의 돈에 대한 인식은 부머들의 그 시절보다 앞서가는 것 같다.

'돈 걱정에서 벗어나 경제적 자유를 얻기 위해.' 이것이 요즘 20, 30대가 돈에 집중하는 이유 중 하나라고 한다. 서점에서 『나는 MZ 부동산 재테커이다』(2023)라는 책을 넘겨보니 저자 크로는 "부동산 투자는 나이가 어릴수록 경쟁력이 있다"고 주장한다. 그는 말한다. "경제적 자유를 얻는 방법은 생각보다 심플하다. 적게 쓰고 시드머니를 모아 투자를 배워 전략을 실행에 옮기면 된다. 성공과 실패를 반복하면서 실패보다 성공을 늘려가면 된다."

그의 방법론도 흥미롭지만 그가 부자가 되려고 결심한 동기에도 눈길이 간다. 그는 전 농구 국가대표 서장훈이 TV에 나와 "(부자가 되면) 남에게 돈 때문에 아쉬운 소리를 안 할 수 있다는 점이 좋다"고 말하는 걸 듣고 부자가 되겠다고 마음먹었다고 한다. 이전 세대가 노후 준비, 내집 마련 같은 목표를 가졌다면 MZ는 경제적 자유를 통한 주체적인 삶을 추구한다고 한다. 크로 같은 MZ는 경제 관념이 밝고 돈에 대한 편견이 없다. 이들에게 투자는 일상이다. 이들은 돈에 관해 의사 표시가 분명하다. 공정성을 중시하고 차별을 거부한다. 자신이 받는 연봉을 기꺼이 공개하는 비율도 이전 세대의 두 배다.

모든 이들의 합창 "부가 자유를 준다"

MZ만 그러겠는가. 글로벌 외식 기업을 경영하는 부머의 막내급 김승호 회장도 같은 주장을 편다. 그는 『사장학개론』(2023)에서 이렇게 강조한다. "부자가 되면 경제적 자유를 얻고 노동에서 자유로운 삶을 살 수 있다. 이보다 조금 더 성공하면 언제든, 어디든, 누구와도 갈 수 있는 자유를 얻는다. 더 성공하면 어떤 권위에도 굴복당하지 않을 권위를 가질 수 있으며 때때로 명예까지도 얻는다. 결국 자산에서 얻은 자유가 내 인생을 나에게 선물해 주며 내가 사랑하는 사람을 끝까지 보호해 줄 수 있으며 나 스스로 독립된 인격체를 유지하도록 도울 수 있다."

그런가 하면 돈을 경시 내지는 멸시하는 사람도 있다. 돈은 나쁜 것이라며 돈과 담을 쌓는 것이다. 어떤 이는 돈에 관해 이야기하는 건 점잖지 못하다고 여겨 똑같이 일하고 남보다 돈을 덜 받아도 말을 꺼내지 못해 손해를 보기도 한다. 심한 경우 '나는 돈을 가질 자격이 없다'며 능력이나 실적과 달리 궁핍하게 살기도 한다. 한 경제 교육 전문가는 이런 게 정상적인 경제 생활을 망치는 주문이라고 지적한다.

현대에도 이처럼 돈을 나쁘게 보는 사람이 존재하는데 성리학적 세계관과 가치관을 가진 조선 시대에는 더했을 것이다. 그러나 그 시대에도 매우 드물게 부의 미덕을 찬양하는 책이 있었다. 『해동화식전(海東貨

殖傳)』이라는 책이다. 18세기 중엽, 영조와 정조 시대의 지식인 이재운이 '누구라도 부를 추구하는 것이 하늘이 준 자연스러운 욕망이고, 생업에 기꺼이 뛰어들어 가난에서 벗어나는 것이 벼슬보다 낫다'는 주장을 펼치고 있다. 이재운의 부자 예찬론이다. "1년 생활비로 100만 전(1만 냥)을 쓰는 수십 명의 부호가 있다. 그의 부와 명예, 권력은 3정승도 저리 가라는 수준이다. 영의정도 부러워할 필요가 없다." "사대부의 목표인 수신제가(修身齊家) 역시 부가 없으면 할 수 없고, 부는 생업 활동으로 얻어지는 것이다. 진정 뛰어난 선비는 계획을 세워 부유한 집안을 만든 뒤 인품, 학문, 사회적 명망을 얻으려 했다."

이 책을 발굴해 2019년 번역 출간한 한문학자 안대회 성균관대 교수는 책 소개 인터뷰에서 "부를 추구하는 행위를 천박하게 여긴 조선에는 '가난=선, 부=악'이라는 인식이 퍼져 있었다"면서 "이재운이 이 명제를 뒤집어 부의 축적은 개인적 안위를 보장할 뿐 아니라 사회에도 도움이 되는 도덕적 행동이라고 주장했다"고 설명했다. 이재운은 나라가 부과한 세금을 거부하지 않는 충성스러움, 이웃에게 금전을 빌리지 않는 청렴함은 오직 부자만이 갖출 수 있는 미덕이라고 보면서 당대 거부 9인의 이야기를 그려냈다. 안 교수는 이 책을 '조선 시대 유일의 재테크 서적'이라고 의미를 부여하면서도 "이재운은 모로 가도 돈만 벌면 만사형통이라고 주장하지는 않았다"고 덧붙인다.

오늘날, 남의 눈이 신경 쓰여 돈을 많이 벌지 못하겠다는 사람은 드물 것이다. 오히려 황금만능주의, 배금주의 등으로 돈에 지나치게 큰 비중을 두는 세태에 대한 비판이 나올 정도다. 이런 사회 분위기는 현재의 중장년층과 큰 연관이 있는 것 같다. 돈에 집착하거나 돈을 무시하는 등 돈에 대한 두 갈래의 과도한 태도는 돈에 대한 교육, 금융 교육의 부족 탓일 수도 있다. 중장년층은 어려서부터 사회 진출 초기까지 금융 교육을 제대로 받은 적이 없다. 부동산에, 주식에, 열풍이 불 때마다 휩쓸려 투자도 하고 성공과 실패를 맛보며 살아왔다.

중장년층은 그러면서도 '물질적 풍요를 가장 중시하는 국민이 바로 한국인'이라는 소리를 들으면 부끄러워한다. 마치 자신 때문에 이런 평판이 생기지 않았나 민망해한다. '닥터 해피니스'라는 별명을 가진 미국 심리학자 에드워드 디너는 "한국인이 행복을 많이 느끼지 못하는 이유는 물질주의 가치관과 연관되어 있다"고 설명한다.

돈이나 물질적 가치를 상위에 두는 사람일수록 삶을 더 비관적으로 여기고 불행하게 느낀다는 연구 결과도 많이 나와 있다. 거액의 복권에 당첨된 사람 중 상당수가 기존의 유대관계, 네트워크가 깨지면서 오히려 더 불행해진다는 연구 결과도 있다. 당첨자에게 돈을 뜯어내려는 사람, 사기를 치려는 사람이 꼬이기 때문이다. 갑자기 돈을 벌어 친구를 잃으면 돈에 더 집착하게 되고 더 큰 외로움과 불행에 빠지게 된다는 말도 있다.

돈 많이 벌었다 = 다른 사람 위해 많은 일 했다

이 책은 철학, 경제학, 정치학을 섭렵한 제이슨 브레넌 교수가 썼다. 그는 미국 조지타운대학교 맥도너 경영대학원에서 전략, 경제학, 윤리학, 공공정책학 등을 강의한다. 그는 이 책에서 돈은 더러운 것이 아니며, 돈이 개입된 사회가 오히려 부패하지 않고 정직하다고 말해 준다.

원제는 '부자가 되고 싶어 하는 것이 괜찮은 이유Why It's OK to Want to Be Rich'이다. 이 책은 재테크 지도서도 아니고 투자 비법 소개서도 아니며 경제 이론서도 아니다. 사람들이 당연한 것으로 넘기는 이슈를 철학적, 경제학적으로 다시 생각해 보자는 취지의 기획서 중 하나다. 저자의 박식한 설명과 관련 연구 소개를 따라가기만 해도 머릿속이 환해지며 뿌듯한 느낌이 드는 책이다. 역자는 2023년 브레넌의 『민주주의에 반대한다Against Democracy』를 번역 출간한 뒤 그의 다른 저서들을 훑어보다 국내 독자들이 읽어볼 만한 책이라고 판단해 이 책을 번역 소개하게 됐다.

브레넌은 미국, 넓게 봐서 서양 사람들이 돈에 대해 이중적인 태도를 갖고 있다고 지적한다. 간단히 말해 돈을 좋아하는 사람을 손가락질하면서도 스스로 돈을 탐내고 부자가 되고 싶어 한다는 것이다. 사실 이런 태도는 나라 구분 없이 정도 차이만 있을 뿐 어디에서나 비슷한 것 같다. 한국도 이런 양면적 태도가 강한 나라이다. 부자를 보면 탈세나 편법을 동원해 나쁜 방식으로 돈을 벌었을 것으로 일단 의심부터 하고 검소한 부자는 없다고 속단해 버린다. 그러면서 자신은 운이 나빠 돈을 못 벌었다고 자위한다. 이 분야에도 '내로남불'이 이만저만한 게 아니다.

그럼 미국이나 한국에서 '돈은 나쁜 것이니 너무 가까이하면 좋지 않다'고 교육하는 것은 무엇 때문일까? 도덕론자들이 "돈을 밝히는 게 모든 악의 근원"이라고 말하며 손가락질할 때 많은 사람이 고개를 끄덕이는 것은 무엇 때문일까? 돈을 많이 벌려면 다른 사람을 착취할 수밖에 없다고 생각하는 사람이 많은 것은 무엇 때문일까?

브레넌은 흥미로운 대답을 들려준다. 초기 인류는 생존형 수렵 채집 경제를 꾸려나갔는데 이 시대에 통용됐던 도덕적 판단 기준이 우리 DNA

속에 남아 있어 돈과 부자에 대한 과거식 인식과 평가가 아직도 영향력을 발휘한다는 해석이다. 하지만 현대 사회에 과거형 관념과 윤리를 내세우는 것은 맞지 않다는 것이 브레넌의 주장이다.

우리 조상들은 거의 자급자족했고 거래보다는 나눠주기 방식으로 살아갔다. 작은 집단에서 낯익은 사람들 간의 대면 소통 방식으로 협업하면서 부자가 될 기회조차 누리지 못했다. 그런데 18세기 이후 세계적으로 부유해졌다. 많은 사람들이 과거 조상들이 꿈꾸지도 못한 부를 누리며 살고 있고 지구적인 협력이 가능해졌다. 그러니 현대에 어울리는 돈과 부에 대한 새로운 관념이 필요하다는 것이다.

많은 사람이 경쟁이라는 단어에 질색한다. 하지만 브레넌은 "시장 경쟁은 협력하기 위한 경쟁"이라고 의미를 부여한다. 남을 탈락시키고 해를 입히기 위해서가 아니라 더 넓은 세상에서 다수에 협력하기 위해서 경쟁한다는 것이다. 거래는 모든 참가자에게 이익을 주거나 최소한 손해를 보지 않게 해준다. 내가 돈을 번다는 것은 시장에서 누군가에게도 이익을 준다는 것을 의미한다. 거래는 참여자들 모두가 이익을 얻을 수 있는 포지티브섬이기 때문이다.

브레넌은 이런 점에서 일반적으로 돈을 더 많이 버는 사람은 이미 다른 사람들을 위해 더 많은 일을 하고 있는 것이라고 주장한다. 평균적인 직장인이라도 각자 자기 일을 하는 것만으로도 사회에 생산적으로 기여하고 있고 사회에 보답하고 있다고 주장한다.

브레넌은 "돈을 벌어 부자가 되면 세상에 접근하는 능력을 갖추게 돼 자유를 확보할 수 있다"고 말한다. 부는 우리가 진정으로 자신의 삶을 영위할 수 있는 최고의 기회를 제공해 주며 우리를 해방해 준다는 것이다.

김승호, 크로, 서장훈, 그리고 조선 시대 이재운 등과 같은 맥락이다. 브레넌은 인류가 그동안 부를 축적해 오면서 그 결과로 레저, 생명과 건강, 빛과 책, 안전과 평화, 문화와 그것에 대한 접근, 심지어 사랑까지 얻는 쪽으로 발전해 왔으며 현대 들어 대규모 협업이 가능해졌다고 설명한다.

자선도 필요하지만 부채 의식은 벗어야

몇 가지 의문. '그럼 부자가 아닌 가난한 사람은 어떻게 하지? 가난한 나라의 수많은 사람은 어떻게 살아가지? 예로부터 자선과 기부가 어두운 세상을 밝게 해준다고 하지 않았나?'

브레넌이 이런 고민을 놓칠 리 없다. 브레넌은 우선 "돈이 많을수록 다른 사람들을 도와야 한다"고 말한다. 일반적인 미국인은 세계 전체로 보면 거의 모두가 부자이다. 그러니 도와가며 살아야 한다는 것이다. 똑같은 논리를 한국인에게도 적용할 수 있다. 세계적 수준에서 지금 한국인은 거의 모두가 부자다. 당연히 자선이 필요하다.

수입의 최소 10%를 효과적인 자선 단체에 기부하자고 외치는 '할 수 있는 만큼 기부하기(Giving What We Can)'라는 단체가 있다. 이들은 "연간 세후 6만 달러를 벌면 당신은 세계 1% 고소득자"라면서 10%를 기부하면 기아와 질병 등으로부터 수억 명을 구할 수 있다고 호소한다. 이 사이트는 나라별 소득을 제시하면 세계 인구 중 몇 %에 해당하는지를 알려 준다. 미국인 1인 가구가 세후 연 3만 달러를 벌면 세계 5.1%에 해당한다는 식이다. 한국인 2인 가구 세후 소득 5,000만 원을 넣어보니 세계

6.1%에 해당한다. 이 가구가 10%인 500만 원을 기부해도 세계 7.2%로 여전히 높은 소득 랭킹을 지킨다는 것을 보여 준다. 한국인 대부분이 국제적으로는 이미 부자라는 사실을 새삼 느끼게 해준다.

그렇다고 해서 우리가 사회에 대한 영구적인 부채를 갖고 태어난 것은 아니지 않느냐고 브레넌은 반문한다. 주변의 가난한 사람을 돕는 것도 중요하지만 무한대의 의무감, 부채감에서 돕기만 하는 것은 좋은 해법이 아니라는 말이다. 경제학자로서 브레넌은 "장기적으로 볼 때 자선보다 투자"가 좋은 측면이 있다고 외친다.

브레넌은 세계 빈곤 문제는 자선으로는 풀리지 않는다고 본다. 그는 이렇게 강조한다. "국가간 협력을 촉진하고 인적 물적 자본에 대한 장기적 투자를 장려하는 제도를 가진 나라가 부자가 된다. 가난한 나라를 그렇게 하도록 유도하는 일이 중요하며 그 나라에 수십억 달러를 던져 주는 것보다 낫다."

사람들은 누구나 돈을 원하며, 더 많이 갖고자 하고, 가진 부는 지키려 한다. 그러면서도 한편으로는 스스로의 그러한 모습에 대해 부끄러워한다. 하지만 이 책을 통해 브레넌은 철학적, 윤리학적, 경제학적인 논리를 바탕으로 그럴 필요가 없다고 말한다. 우리가 부자가 되려고 하는 것에는 '아무런 문제가 없다'는 것이다. 개인도 그렇고 국가도 그렇다.

2024. 2.

홍 권 희

Why 부자가
된다는 것
It's OK to
Want to Be
Rich

제**1**장

문제는 돈이 아니라 당신이다

우리는 돈에 관한 한 분열성 인격 장애를 갖고 있다. 모든 사람이 부자가 되고 싶어 하면서도 그러한 욕망을 가진 걸 부끄러워한다. 부자들을 존경하면서도 그들은 비도덕적이고 악랄한 사람들일 것이라고 믿는다. 사치를 즐기고 싶지만 그런 행위는 고상하지 못한 짓이라고 생각한다.

우리는 물질적인 부를 사랑하면서도 물질주의를 부정한다. 사람들은 틈만 나면 자신이 얼마나 부자인지 드러내려 하지만, 다른 사람이 그럴 때는 짜증이 난다. 무일푼에서 부자가 되는 이야기들을 좋아하지만, 한 편으로는 부자들이 망하는 이야기를 즐긴다.

우리는 부자가 되는 방법이 담긴 책들을 읽으면서도, 돈이 영혼을 풍요롭게 한다고 생각하지는 않는다. "욕심은 좋은 것이고 탐욕은 옳은 것이다"라는 고든 게코Gordon Gekko(올리버 스톤Oliver Stone 감독의 영화 「월 스트리트」의 주인공. 기업 사냥꾼이며 '고삐 풀린 탐욕'의 상징이다. – 옮긴이)의 말에 동의하며 고개를 끄

덕이지만, 탐욕을 추구하던 놈이 감옥에 가면 "잘됐다"며 박수를 보낸다.

당신도 아마 지금보다 더 많은 돈을 원할 것이다. 거액에 당첨된 복권이 있다면 찢어 버리지도 않을 것이고 노숙자에게 건네주지도 않을 것이다. 사장이 연봉 20% 인상을 제안하는데 "감사하지만 됐습니다. 필요한 건 다 있거든요"라고 말하지도 않을 것이다. 당신이 성 바오로 티셔츠를 파는데 갑자기 수익이 두 배로 늘어나면 아마도 신이 자신을 축복해 주었다고 생각할 것이다. 당신은 밖으로 표현하지는 않더라도 더 많은 돈을 원할 것이다. 부자가 되는 것을 꺼리지 않을 것이다.

나도 똑같다. 나는 몇 년 전 교양 학부보다 연봉이 두 배인 경영대학원 교수직을 받아들였다. 두 배의 연봉 때문에 두 배로 행복해진 것은 아니었다. 하지만 좋았다. 나는 미국인 기준으로 가난한 적도 있고 부자인 적도 있었는데, 부자가 더 낫다.

그런데도 대부분의 사람들은 부를 얻는 것에는 뭔가 불미스러운 것이 섞여 있다고 생각한다. 아메리칸 드림은 화끈하게 부자가 되는 것, 적어도 돈 걱정은 하지 않을 만큼 부자가 되는 것을 의미한다. 하지만 미국 역사를 통틀어 보면 사람들은 늘 부자들을 의심해 왔다.

돈을 원한다는 것, 부자가 되고 싶다는 것, 그리고 실제로 부자가 되는 것은 타락한 것처럼 보인다. 우리는 예의를 차리는 대화에서는 돈 버는 이야기를 잘 꺼내지 않는다. 더 많은 돈을 원하는 것은 포르노를 보는 것과 같다. 사람들 대부분이 하면서도 그것을 부끄럽게 여긴다.

대부분의 미국인은 기독교인이다. 2014년 미국인 3만 5,000명을 대상으로 한 종교 관련 조사에서 성인 중 기독교인이라고 응답한 비율이 주별로 58~86%에 달했다. 기독교인 중 매일 기도한다는 응답은 68%였다. 예수는 "부자는 천국에 들어가기가 어려우니라. 낙타가 바늘귀로 들어

가는 것이 부자가 하나님의 나라에 들어가는 것보다 쉬우니라"(마태복음 19장 24절)라고 했다. 맥락을 무시하고 읽으면 부자가 된다는 것은 끔찍한 것으로 들린다.

그런가 하면 많은 미국인이 '번영 신학Prosperity Gospel'을 믿는다. 그들은 하나님이 부를 가져다준다고 주장한다. 침례교 목사 러셀 콘웰Russell Conwell(콘웰은 1890년대 미국 전역을 돌며 '다이아몬드의 땅'이라는 강연을 개최해 물질적 성공을 강조했다. 그의 연설집이 『부의 길에 올라서라』는 제목으로 국내에서도 출판됐다. - 옮긴이)은 이렇게 주장했다.

> 돈은 힘이며, 돈을 가지려면 야심이 필요하다. 돈이 없을 때보다 있을 때 좋은 일을 더 많이 할 수 있다. 돈으로 성경을 인쇄하고, 교회를 짓고, 선교사들을 보내고, 목사들 월급을 준다. 월급을 못 주면 좋은 목사를 많이 볼 수 없다.
>
> 나는 항상 교회가 나의 월급을 올려줘야 한다고 생각한다. 월급을 많이 줄수록 교회는 좋은 목사를 교단에 올릴 수 있다. 가장 많은 월급을 받는 이는 그에게 주어진 역량을 발휘해 가장 좋은 일을 할 수 있다. 그가 자신의 역량을 옳게 사용하기만 한다면 그것은 당연하다.

요즘도 일요일 아침 TV를 켜면 같은 내용을 강조하는 목사들을 쉽게 볼 수 있다. 하나님을 사랑하라, 그러면 하나님이 더 큰 집과 더 좋은 자동차를 주신다고 말이다. 부가 우리의 영혼을 망친다면 왜 하나님이 그런 부를 주겠는가. 우리는 부자와 부에 관한 한 분열성 인격 장애를 가지고 있는 것이 맞다.

역사상 위대한 도덕론자들 중에는 돈과 부를 불신하는 이들이 많았다. 예수는 온순한 자들이 땅을 물려받을 것이라고 말했고, 돈이 우리의 영혼을 타락시킨다고 경고했다. 영어권에서 가장 많이 읽혔고 미국에서 많이 보는 『킹 제임스 성경the King James Bible』은 돈을 '더러운 행운'이라고 네 번이나 언급했다. 디모데전서 3장에서 두 번, 디도서 1장과 베드로전서 5장에서 한 번씩이다. 부처는 돈의 필요성에 대해 상당히 실용적인 생각을 갖고 있었지만 자신은 금욕자로 살았다. 현대의 불교 승려들은 돈을 초월하려고 노력한다. 우리가 부에 대한 욕망을 이상적으로 극복할 수 있을 것이라는 메시지인 것 같다.

또 철학자 장 자크 루소Jean-Jacques Rousseau는 『인간 불평등 기원론A Discourse on Inequality』(1755)에서 사유 재산의 발명은 큰 실수라고 주장했다. 그는 돈에 대한 사랑이 우리를 허영에 빠뜨리고 어리석게 만들며 '파괴적이고 나르시스트 같은 자기애'에 이르게 한다고 생각했다. 철학자 아르투르 쇼펜하우어Arthur Schopenhauer는 『인생의 지혜The Wisdom of Life』(1851)라는 책에서 '부는 바닷물과 같다. 마실수록 갈증이 생긴다'고 경고했다. 칼 마르크스Karl Marx는 "언젠가 가난한 사람들이 일어서서 모든 부자를 죽이고 그 후 지구상에 평등주의 천국을 만들 것"이라고 예언했다.

비틀즈Beatles의 리드 보컬리스트 출신 폴 매카트니Paul McCartney는 "돈은 사랑을 사줄 수 없다"고 비웃었지만, 4,860만 달러를 주고 모델 출신 부인 헤더 밀스Heather Mills와 이혼했다. 2011년 '월가를 점령하라Occupy Wall Street' 활동가들과 미국 사회주의 정치인 버니 샌더스Bernie Sanders는 상위 1% 부자에 반대했는데, 샌더스는 자신이 이제 1%에 속한다는 것은 신경 쓰지 않는다. 캔자스의 오래된 히트 곡 「더스트 인 더 윈드Dust in the Wind」는 우리에게 '그대가 가진 돈 전부로 1분도 살 수 없다네'라고 상기시켜 준다. 사람들은 누구나 "당신은 죽을 때 돈을 가져갈 수 없다"고 말한다.

이 책에서 나는 돈에 대해 손가락질하는 도덕론자들의 오류를 짚고자 한다. 최소한 그들은 자신의 생각을 과장하고 있다. 돈은 인간의 모든 발명품 중 가장 위대한 것이다. 돈을 사랑하고, 더 많은 돈을 원하며, 부자가 되고 싶어 하는 건 완벽하게 합리적이다. 이러한 욕망이 당신을 천박한 사람이나 나쁜 사람으로 만들지도 않는다. 만약 당신이 돈과 돈을 버는 것을 경멸한다면 당신은 돈이 무엇인지 모르는 것이다. 돈이 우리에게 무엇을 해주고, 그것을 만들기 위해 무엇이 필요한지를 제대로 모른다는 의미이다.

고대 로마의 금욕주의 철학자 세네카Seneca의 말이 옳다. 잘 조절하는 사람은 사치품을 경멸하지도 않고 사치품에 휩쓸리지도 않는다. 세네카는 '부귀를 견디지 못하는 것은 불안정한 마음의 징표'라고 편지에 썼다. 만약 당신의 돈이 당신에게 문제를 일으킨다면, 문제는 돈이 아니라 당신이다.

나는 이 책에서 돈과 부에 관해 이 세상에 널리 퍼져 있는 세 가지 편견을 검토하고 반박할 것이다.

1. 돈을 원하는 것은 나쁘다 : 돈을 탐하는 것은 물질만능주의에서 나온다. 멋진 삶에 관심이 적기 때문에 그렇게 된 것이다. 인생을 살아가는 데 중요한 것들은 대부분 무료이니 돈은 방해만 될 뿐이다.
2. 돈을 버는 것은 나쁘다 : 이윤을 남기는 것은 착취이다. 영리를 추구하는 것은 다른 사람들에게 해를 끼치고 그들을 이용하는 것이

다. 좋은 직업은 남에게 이타적으로 봉사하는 것이다. 비영리가 영리보다 낫다. 사업을 하는 것은 더럽다. 사업을 통해 돈을 버는 것을 정당화하는 유일한 방법은 당신이 번 돈의 대부분을 나눠주는 것이다.

3. 부를 유지하는 것은 나쁘다 : 갑자기 큰돈을 벌면 그 돈의 대부분을 기부해야 한다. 다른 사람들이 소박하게라도 살 수 있도록 당신도 욕심을 내려놓고 소박하게 살아야 한다. 사람들이 죽어가는데 당신만 부유하게 사는 것은 잘못된 일이다. 사회에 환원해야지 그냥 가져가서는 안 된다.

이런 것들은 편견이다. 돈과 시장에 대한 이런 반감은 불공정한 고정관념 속에 쌓인 편견 때문이며, 경제와 무역 그리고 돈이 실제로 어떻게 작동하는지에 대한 비과학적인 이론에 근거한다.

나는 위의 세 가지 편견에 반대하며 이렇게 주장할 것이다.

1. 돈을 원해도 괜찮다 : 돈이 바로 자유다. 돈은 인생에 해가 되는 것들로부터 우리를 지켜 주고, 우리의 삶을 편안하게 해준다. 돈이 그러한 일을 하는 것이 합리적이므로 돈을 원하는 것도 합리적이다.

2. 돈을 버는 것은 괜찮다 : 일반적으로 돈을 많이 벌수록 다른 사람들을 위해 더 많은 것을 하고 사회에 더 많이 봉사한다. 일반 기업이나 임금 노동자들은 자신들의 핵심 업무를 수행하는 것만으로도 이미 사회에 진 빚을 갚고 있는 것이다. 추가적으로 버는 것은 단지 추가적인 것일 뿐이다.

3. 부를 유지하는 것은 괜찮다 : 물론 우리는 도움이 필요한 다른 사

람들을 도울 의무가 있다. 우리가 더 많이 가질수록 그 의무는 더 강해져야 한다. 하지만 수익성이 있는 기업에 투자하는 것만으로도 그 의무를 다하는 것일 수 있고, 때로는 그것이 대부분의 자선이나 기부보다 장기적으로 더 좋은 일을 한다. 우리는 또한 자신의 부를 즐길 수 있는 특권을 가지고 있다. 사회에 대한 영구적인 부채를 갖고 태어난 게 아니란 말이다.

어느 한쪽이 완전히 틀렸다는 것이 아니다. 돈에서 즐거움을 찾지 못하거나 돈 때문에 족쇄를 찬 사람들이 분명히 세상에는 존재한다. 비난받아야 할 정도의 비열한 수단으로 부자가 된 사람들도 많다. 부자나 중산층의 기부금 중에는 우리가 기대하는 것보다 훨씬 적은 액수도 있다. 그렇다고 해서 돈이나 부자에 대한 일반적인 불신이 옳은 것은 아니다.

거의 모든 사람이 돈을 사랑한다. 하지만 돈 자체를 사랑하는 사람은 없다. 사람들은 돈이 할 수 있는 것들을 사랑한다. 돈은 우리를 어디든 보내 주고, 새로운 기회를 열어 주고, 걱정의 근원을 제거하고, 나쁜 것들로부터 우리를 안전하게 지켜 준다. 진정으로 자신의 삶을 영위하는 최고의 기회를 가질 수 있도록 해주기 때문에 우리는 돈을 사랑한다. 다른 사람들로부터 보살핌을 받기보다 다른 사람들을 돌보는 위치에 있을 수 있으므로 우리는 돈을 사랑한다.

사람들은 탐욕스럽지 않다. 그래도 적은 것보다는 많은 것을 원하고, 때때로는 자신이 가진 것보다 더 많이 원한다. 편안하게 살고 싶어 하고 약간의 사치에 빠져들고 싶어 한다. 거기에는 아무런 문제가 없다.

부자들에 관한 고정관념

부자에 대한 태도를 보면 사람들의 분열성 인격 장애를 확인할 수 있다. 우리는 유명 인사를 다룬 글들을 즐겨 읽는다. 스티브 잡스Steve Jobs, 일론 머스크Elon Musk, 소프트웨어 판매 업체를 키워 백만장자가 된 프로 농구 구단주 마크 큐반Mark Cuban 같은 기업가들에 매료된다. 그러면서도 부자들을 비웃고 그들이 나쁜 사람들이라고 생각하는 경향이 있다.

심리학자 애덤 웨이츠Adam Waytz는 이렇게 설명한다.

> 부자와 윤리에 관한 주된 문제는 부자 자체와는 아무 상관이 없다. 그것은 부자의 윤리에 대해 우리가 가지고 있는 고정관념과 관계가 있다. 예를 들어 세탁기 수리공이나 알류트 음악가, 또는 여성 크리켓 선수들과는 달리 우리는 부자에 대해 상당히 좋지 않은 일관된 견해를 가지고 있다. 우리는 부자들을 신뢰할 수 없다고 인식하면

서 냉정하게 바라보고 심지어 그들의 불행에 기쁨을 느낄 정도다(예를 들어 멋쟁이 사업가가 웅덩이를 지나는 택시 때문에 흠뻑 젖으면 당신은 웃는다). 부자들을 질투하고 부러워하면서도 우리는 그들을 닮고 싶어 하지는 않는다.

농담이 아니다. 어떤 심리학자들은 사람들이 다른 사람의 불행에 대해 언제 기분이 좋고 나쁜지를 측정하는 실험을 해보았다. 사람들은 부자들의 불행에 기쁨을 느끼는 것으로 나타났다. 사람들은 '부자들은 고도로 유능하지만 냉정한 인간'이라는 고정관념을 가지고 있다. '부자는 악하다'라는 문장은 구글에서 약 6만 5,000건의 조회 수를 기록하고 있다. '부자는 착하다'는 문장의 조회 수는 약 600건에 불과하다.

사람들 대부분은 부자들이 덜 윤리적이라고 생각하는 경향이 있다고 웨이츠는 말한다. 부자들이 공감력이 떨어지고 냉담하다고 주장하는 연구는 뉴스의 헤드라인을 장식한다. 우리는 우리가 이미 믿고 있는 것, 즉 부자들은 괴짜들이라는 것을 뒷받침하는 연구를 즐겨 읽는다.

하지만 입소문이 난 대부분의 연구는 방법론적으로 심각한 결함을 갖고 있다. 사실 부자들이 다른 사람들보다 더 나쁜 사람이라는 그럴듯한 증거는 없다. '부자는 나쁜 사람이 아니다'라는 글을 누구도 페이스북에 올리지 않을 뿐이다.

이익을 내는 것은 악인가

당신이 돈을 더 많이 갖는 기본적인 방법이 두 가지 있다. 벌거나 훔치는 것이다. 많은 사람들이 이 두 가지가 같은 것이라고 생각한다. 심지어 자유주의적 자본주의 국가인 미국에서도 사람들은 '영리=악'이라고 믿는다.

아미트 바타처지Amit Battacharjee, 제이슨 대나Jason Dana, 그리고 조나단 배런Jonathan Baron은 유명한 논문 「반이익 신념Anti-Profit Beliefs」(2017)에서 미국인 대부분이 '반이익 신념'에 동의한다고 발표했다. 즉, 미국인 대부분은 이익 추구가 '소비자와 사회에 대한 유익한 결과와 상충된다'고 믿는다는 것이다.

철학자와 경제학자들은 사람들의 '의도'로 행동이나 정책을 판단할 수 없다고 오래전부터 한목소리를 내왔다. 엉터리 과학자의 의견에 따라 아이들에게 백신 접종을 거부하는 엄마는 사실 나쁜 의도를 갖고 있는 건 아니다. 그녀는 진심으로 아이들을 위해 그러한 결정을 했지만 결과적으로 아이들을 해친다. 의도는 좋지만 행동은 나쁜 것이다.

반면에 심장외과 의사가 소시오패스라고 가정해 보자. 그가 신경 쓰는 것은 명성과 돈뿐이다. 하지만 그 과정에서 그가 당신의 생명을 구한다면 그는 좋은 일을 한 것이다. 비록 그의 의도가 이기적이었더라도 말이다.

다음 장에서 설명하겠지만, 영리 기업 활동은 지난 수백 년간 인류의 복지를 무려 30배나 증가시켰다. 그런데도 경제학이나 세계사에 무지한 사람들은 단순한 생각에서 벗어나지 못한다. 영리를 목적으로 행해진 것은 해로울 수밖에 없고, 영리를 목적으로 한 게 아니라면 좋은 일임에 틀림없다는 식이다.

바타처지 등은 먼저 반이익 신념을 테스트하기로 했다. 실험 대상자들에게는 잡지 「포춘Fortune」에 실린 500대 기업 목록을 제공하고 각 기업의 수익률을 말해 주었다. 이어 1) 그런 기업이 존재하는 사회가 더 나은지 여부, 2) 그런 기업이 이익을 누릴 자격이 있다고 생각하는지 여부, 3) 그 이익이 타인의 희생에 의해 발생하는지 여부, 4) 그 이익이 경쟁의 부족에서 발생한 것인지 여부, 5) 해당 기업을 운영하는 사람들이 좋은 동기를 가지고 있었는지 여부를 평가하도록 요청했다.

그 결과는 어떠했을까?

실험 대상자들은 일반적으로 이윤을 많이 내는 것은 나쁘다고 생각했다. 그들은 이윤을 많이 내는 기업일수록 사회에 더 많은 해를 끼치며, 그 기업이 없으면 사회가 더 좋아질 것으로 생각했다. 어떤 증거도 없이 말이다. 수익성이 좋은 기업일수록 비윤리적인 사업 관행을 가졌을 것이고, 돈을 벌 자격이나 독점의 이익을 누릴 자격이 없으며, 경영자들이 나쁜 동기를 가졌을 것으로 생각했다.

연구자들은 실험 대상자들이 내린 기업 평가와 도미니 사회 지수 Domini Social Index(미국의 투자 전문가로 사회 책임 투자를 이끌어온 에이미 도미니Ami Domini가 1990년 창안한 지수. 사회적 책임을 열심히 하는 기업에 대한 시장의 투자를 유도한다. – 옮긴이)의 기업 평가를 비교해 보았다. 이 지수는 사회적, 환경적, 그리고 고용 관련 관행을 평가하는 기업의 사회적 책임 지수이다. 완벽하지는 않지만 널리 사용되고 있으며 기업의 윤리와 긍정적인 영향에 관한 신뢰받는 척도 중 하나이다.

　실험 대상자들은 수익성이 좋은 기업일수록 더 나쁜 기업 윤리를 가진 게 틀림없다고 생각하는 경향이 있었다. 그러나 수익성이 높은 기업일수록 도미니 사회 지수에서 더 좋은 평가를 받았고, 수익성이 낮은 기업일수록 오히려 사회 지수 점수가 낮았다.

　바타처지 등은 여기서 그치지 않았다. 그들은 실험 대상자들에게 가상적인 상황을 가정한 실험을 진행했다. 실험 대상자의 절반에게는 해당 기업이 비영리 기업이라고 생각하게 했고, 절반에게는 영리 기업이라고 여기도록 했다. 기업에 대한 그밖의 설명은 정확히 똑같다.

　그리고 나서 실험 대상자들에게 그 기업이 사회에 해로운지 아니면 유익한지를 물었다. 증거가 없었는데도 대부분의 실험 대상자들은 자동적으로 영리 기업은 해롭고 비영리 기업은 사회적으로 유익하다고 결론 내렸다. 반복하지만, 그러한 결론에 도달할 정보나 증거 또는 이유는 없었다. 그들의 평가에는 편견이 들어 있었던 것이다.

　바타처지 등은 마지막 실험에서 윤리적 혹은 비윤리적인 사업 관행을 채택할 계획을 가진 가상의 사업체들에 관해 설명했다. 이어 실험 대상자들에게 그 가상의 사업체가 얼마나 수익성이 있을지 추정해 보라고 했다. 실험 대상자들은 나쁜 기업이 돈을 많이 벌 것이고, 기업 윤리가 좋은 기업은 돈을 적게 벌 것으로 추정했다.

이 연구들이 보여 준 것은 무엇일까? 보수주의자와 진보주의자를 막론하고 거의 모든 미국인이 돈벌이에 대해 편견을 갖고 있다는 점이다. 사람들은 기업이 이익을 많이 낼수록 사회에 해를 끼치며, 기업 관행이 비윤리적일 수밖에 없으며, 기업 경영자들은 악한 동기를 가졌을 수밖에 없다고 생각한다. 그들은 나쁜 기업 윤리가 더 높은 이익을 가져다줄 것이고, 좋은 기업 윤리는 이익을 감소시킬 것으로 추정한다. 따라서 비영리 기업들이 사회에 유익하다고 가정한다. 간단히 말해서, 미국인들 대부분은 이익을 내는 것은 나쁘다고 생각한다.

돈이란 무엇인가

사람들은 누구나 돈을 원하면서도 불경스럽게 여기기도 한다.

돈은 단순한 교환의 수단이 아니다. 정치 이론가 마이클 샌델Michael Sandel은 "시장은 상품을 배분할 뿐만 아니라 교환되는 상품에 대한 어떤 특정한 견해를 드러낸다"고 말한다. 샌델은 베스트셀러 『돈으로 살 수 없는 것들What Money Can't Buy』(2012)과 그가 행한 연설에서 "특정한 것들(성性, 신장腎臟, 스포츠 경기장의 명명권, 특정한 형태의 생명 보험)에 시장 가격을 매기는 것은 본질적으로 무례한 짓"이라고 계속 불평한다.

철학자 데이비드 아처드David Archard는 혈액은행에서 혈액을 매입하는 행위가 헌혈의 사회적 의미를 망친다면서 이렇게 말한다. "비시장 교환의 의미는 시장 교환의 존재로 인해 오염돼 왔을 것이다. 시장 교환에 따라 재화에 붙는 금전적 가치가 비시장 교환에 스며들어 그 의미를 변질시켰을 것이다."

철학자 엘리자베스 앤더슨Elizabeth Anderson은 불임 부부가 배아를 제공할 여성을 고용하는 대리 출산 방식에 반대한다. 여성 노동을 상품화하는 것은 여성에 대한 무례의 신호를 줄 수밖에 없다는 이유에서다.

이 철학자들은 무엇인가를 판매하는 것은 무엇인가를 의미하는 것이고, 그것은 그 자체로 좋은 것이 아니라는 데 의견을 같이한다. 어떤 것에 가격을 매기는 것은 그것 자체의 성스러운 가치와 양립할 수 없다는 것이다. 그들의 기본적인 주장은 간단한데, 돈은 그 자체로는 가치가 없다는 것이다. 망치가 유용한 것처럼 돈도 도구로서 유용할 뿐이라고 말한다.

사람들이 무엇인가에 가격을 매기는 것은 문제의 물건이 그 금액과 같은 종류의 가치를 가지고 있다는 것을 표현하는 것이다. 만일 당신이 생명을 구하는 비용으로 1,000달러를 청구한다면, 신성한 가치인 생명을 구하는 일이 1,000달러의 돈과 같다고 말하는 것이라고 그들은 지적한다. 불경스럽고 단순한 도구적 가치를 가졌을 뿐인 돈과 말이다. 그러므로 물건에 값을 매기는 것은 물건을 신성시하는 것 또는 물건 그 자체가 가치 있는 것으로 보는 시각과 양립할 수 없다.

이러한 불만에 공통으로 들어 있는 것은 돈의 사회적 의미에 대한 특정한 이론이다. 서양인들은 금전적 거래, 그리고 돈 자체를 비인격적이고 도구적이며 이기적인 것으로 본다. 테렌스 미첼Terence Mitchell과 에이미 미켈Amy Mickel은 「돈의 의미the Meaning of Money」(1999)라는 논문에서 이렇게 요약한다. '전통적인 경제적 관점에서, 돈은 평범하고 일상적이고 비인격적이고 중립적인 공리주의적 상품으로 여겨진다. 돈은 단지 양적인 의미만을 가지며 불경스럽다.'

사회학자 모리스 블로흐Maurice Bloch와 조나단 페리Jonathan Perry도 이에 동의한다. "문제는 우리에게 돈은 본질적으로 비인격적이고, 일시적이고, 비도덕적이고, 계산적인 '경제적' 관계의 영역을 의미하는 것 같다."

그렇다고 해서 미첼, 미켈, 블로흐, 페리가 돈에 대한 이러한 견해를 지지하는 것은 아니다. 그들은 돈이 실제로 나쁘거나 나쁜 의미를 갖는다고 주장하지 않는다. 오히려 그들은 돈에 대한 이러한 의미를 갖고 있는 것은 대부분의 서양인들일 뿐이라는 점을 밝히려고 한다.

이러한 의미의 개념은 보편적이지 않은 것으로 판명됐다. 다른 문화들은 (심지어 어떤 경우에는 서양인들도) 돈에 이처럼 부정적이고 더럽다는 의미를 부여하지 않는다. 일부 문화에서는 어떤 것에 가격을 매기는 것은 신성한 의미를 지닌다. 그러나 미국인들은 돈이 더럽다고 생각한다. 일상적인 시장 거래조차도 혐오스럽다고 여긴다.

돈은 부패를 불러온다고 사람들이 믿는 것은 놀랄 일이 아니다. 그들은 어떤 관계에 돈이 개입하면 이타심과 미덕을 밀어낼 것이고, 사람들이 더 더럽혀지고, 덜 친절해지고, 더 이기적으로 될 것이라고 믿는다. (사실 경험적인 연구에 의하면 정반대의 효과를 보여 주는 경향이 있다. 돈은 우리를 더 친절하게 만든다.)

당신은 이미 부자다

사람들이 부자가 되려고 하는 것은 아무 문제가 없는 걸까?

이걸 신경 써야 할 한 가지 이유는 우리가 흥미로운 수수께끼를 가지고 있기 때문이다. 대부분의 미국인들과 서양인들은 모순된 태도를 가지고 있다. 돈을 원하지만 돈을 원하는 것은 나쁘다고 생각한다. 부자들을 존경하면서도 비난한다. 자유 기업 제도가 미국을 위대하게 만들고 서구 사회를 부유하게 만들었다고 생각하면서도, 영리 기업은 사회에 해롭고 사악하다고 생각한다.

문화적으로 미국인들은 분열성 인격 장애를 가지고 있다. 앞뒤가 맞지 않고 양립할 수 없는 신념을 가지고 있다. 우리가 그 모순을 해결하는 최선의 방법은 반화폐, 반시장, 반이익, 반부자 편견을 없애는 것이다.

또 다른 이유도 있다. 우리가 돈에 대한 욕망, 돈을 벌고자 하는 욕망, 그리고 부를 지키고자 하는 욕망을 좋은 것으로 여기는지의 여부가 중요하다. 사회과학의 도구를 사용하면 그러한 욕망이 모두에게 좋은 결과로 이어지는지 혹은 나쁜 결과로 이어지는지 확인할 수 있다. 다음 몇 개의 장에서 설명하겠지만, 제대로 기능하는 시장 시스템에서 여러분이 스스로 돈을 버는 방법은 다른 사람들을 위한 가치를 창출하는 것이다.

시장은 부를 향한 우리의 욕망을 사회적으로 유익한 결과로 변환시킨다. 하지만 그것을 이해하지 못한 사람들은 황금알을 낳는 거위를 죽이게 될 것이다. 또한 사회 파괴적인 수단을 통해 돈을 쉽게 벌 수 있는 규제 정치 체제에 투표하게 될 것이다. 아이들에게는 기업인들을 경멸하게 하고, 젊은이들에게는 겉만 번지르르하고 가치는 없는 직업에서 일하도록 부추기게 될 것이다. 우리가 돈을 벌거나 부를 지키는 것이 괜찮은 게 아니라고 계속 생각한다면, 우리는 결국 우리 자신의 이익을 해치는 투표를 하게 될 것이다.

농사를 짓는 것이 죄스럽다고 생각하는 사회는 굶주리게 된다. 도덕적 관점이 경제적 결과를 반영하도록 해야 한다. 참고로, 드어드러 맥클로스키Deirdre McCloskey는 『부르조아의 품위Bourgeois Dignity』(2011)라는 책에서 돈을 버는 행위에 대한 태도 변화가 1600년대 서양에서 시작된 부의 대폭발의 한 요인이었다고 주장한다.

또 다른 이유가 있다. 내가 '부자들'이라고 말할 때, 여러분은 제프 베조스Jeff Bezos나 오프라 윈프리Oprah Winfrey를 떠올린다. 하지만 여러분은 여러분 자신의 모습도 떠올려야 한다. 여러분이 오늘날 서구에 사는 일반적인 사람이라면, 여러분은 현재 살아 있는 최고의 부자 중 한 명인 것은 물론이고 지금까지 살았던 사람 중 가장 부유한 사람 중 한 명이다. 여러분은 이전 세대들이 가능하다고 생각하지 않았던 부와 사치를 누리고 있다.

역사적으로 볼 때, 모든 곳의 거의 모든 사람들은 몹시 가난했고 경제적으로 기아선상에서 허우적거렸다. 역사를 통틀어 거의 모든 사람들은 UN이 '극빈'이라고 규정하는 곳에서 살았다. 경제학자 앵거스 매디슨Angus Maddison은 서기 1년까지 인류의 1인당 연간 경제 생산인 국내총생산이 1990년 달러 기준으로 약 457달러에 불과했다고 추정했다. 1820년까지도 세계적으로 712달러에 불과했다고 한다. 그의 『세계 경제 윤곽Contours of the World Economy』(2003)에 나오는 이야기이다. 인플레이션과 생활비를 감안해 오늘날의 달러로 환산하면 1820년의 일반인들은 1년 동안 겨우 1,350달러로 살았다는 의미다. 그것은 단지 평균에 불과하다. 소득 불평등 때문에 대부분의 사람들은 그것보다 더 가난했다.

가장 신뢰할 만한 추정치에 따르면, 1인당 연간 경제 생산액인 1인당 세계 생산액은 기원전 5000년과 서기 1800년 사이에 겨우 두 배 늘어났다. 브래드 드롱Brad Delong은 『거시경제학Macroeconomics』(2002)이라는 책에서 2000년 불변 가치로 BC 5000년 130달러에서 AD 1800년 250달러로 증가했다고 본다.

1800년대 이후 1인당 생산은 최소 30배 이상 급증했다. (경제학, 역사, 커뮤니케이션 등 분야를 넘나들며 연구해온 디어드레 맥클로스키Deirdre McCloskey 미 시카고대 명예교수가 저서 『부르주아 미덕The Bourgeois Virtues』(2006), 논문 「리버럴리즘이 대풍요를 초래했다 Liberalism Caused the Great Enrichment」(2022) 등에서 제시했다. 그는 1800년대 이후 유럽을 중심으로 1인당 실질 생산이 30배 이상 유례없이 증가했다고 본다. 이는 투자, 제도, 개발 같은 필요 조건만이 아니라 비노예사회, 즉 자유주의라는 이념적 변화가 있어서 가능했다고 주장한다. '대풍요'에 관해서는 149쪽에서 다룬다. – 옮긴이) 매디슨은 세계 1인당 GDP는 AD 1년 467달러에서 2003년 6,516달러로 증가했다고 본다.

중요한 것은 부가 이동한 게 아니라 창출되었다는 점이다. 2018년에 미국 혼자서만 1950년 세계 경제 생산액의 거의 300%를, 서기 1000년 세계 경제 생산액의 80~100배를 생산했다. 우리는 조상들이 거의 상상하지 못했던 부 속에서 헤엄치고 있다.

오늘날 미국 정부가 정한 '빈곤선'에서 사는 미국인도 1900년 평균적인 미국인의 약 3배의 생활 수준을 가지고 있다. 오늘날 미국에서 가난하다고 말하는 것은 100년 전의 중산층보다 더 나은 생활 수준이다. 좌파 경제학자인 폴 크루그먼Paul Krugman조차도 1996년에 이렇게 썼다.

> 1950년 대부분 가정의 물질적인 생활 수준은 오늘날의 빈곤층 또는 거의 빈곤층보다 나을 것이 없다. 1996년 빈곤 수준 가족의 물질적 생활 수준은 1950년 중위 가족의 그것과 같거나 더 낮다고 말하는 것이 전혀 터무니없어 보이지 않는다.

경제학자 브루스 세이커도트Bruce Sacerdote는 미국인들의 50년에 걸친 소비를 분석한 2019년 논문에서 오늘날 미국인들은 과거보다 훨씬 더 많은 것들을 즐긴다고 밝혔다. 1960년 이후 중위 소득 이하, 즉 소득 하위 50%에 해당하는 미국 가구들이 소유한 차량 대수는 평균 0.5대에서 1.5대로 늘어났다. (그리고 오늘날의 차들은 1960년의 차들보다 훨씬 더 믿음직하고, 안전하고, 강력하고, 효율적이다.) 1960년에는 저소득 가구의 약 75%만이 사용한 실내 배관을 현재는 모두가 사용한다. 1960년 이후로 저소득 가구의 평균 가구원 수가 감소했지만 가구당 침실과 욕실의 숫자는 증가했다. 오늘날 사람들은 과거보다 더 많은 공간을 확보하고 있다.

미국의 소위 가난한 가구들, 연소득 2만 달러 이하의 가구가 가진 물건들만 본다면 어떨까? 미국 정부 통계에 따르면 2005년 기준으로 공식 빈곤선에서 사는 미국인의 73.4%가 적어도 1대의 자동차 또는 트럭을 소유하고 있었고, 2대 이상의 자동차 또는 트럭을 소유한 사람도 30.8%나 됐다. 미국 인구 조사국의 연간 주택 조사에 따르면 2017년 기준으로 모든 가난한 가구도 기본적으로 전기, 난방, 냉장고, 오븐, 전자레인지, 스토브를 가지고 있었다. 가난한 가구의 약 90%가 집에 에어컨을 가지고 있었다. 절반은 전기 식기세척기를 가지고 있었다. 3분의 2는 세탁기와 의류 건조기를 가지고 있었다. 가장 가난한 가구, 연간 1만 달러 미만을 버는 사람들만 따져봐도 그 수치는 변하지 않는다.

미국 에너지정보청의 주거용 에너지 소비 조사(2015)에 따르면 거의 모든 가난한 가정(소득 2만 달러 이하)이 LCD, 플라즈마, LED 또는 프로젝션 TV를 소유하고 있다. 적어도 절반은 휴대폰을 가지고 있고, 절반은 최소한 한 개의 스마트폰을 가지고 있다. 절반 이상은 컴퓨터를 소유하고 있다.

미국 인구 조사국의 '소득과 프로그램 참여 조사'(2001)는 음식 섭취와 음식 부족의 양상을 조사하고 있다. 이 조사에 따르면 가난한 가구의 약 6%만이 '가끔' 음식이 충분하지 않다고 했고 약 1.5%는 '자주' 음식이 충분하지 않다고 밝혔다. 놀랍게도 대불황기였던 2009년에, 돈이 부족해 지난 1년간 음식 섭취량을 줄인 경험이 한 번이라도 있었다는 응답은 가난한 가구 5가구 중 1가구 미만이었다. 가난한 어린이 25명 중 1명에 그쳤다. 이 숫자들은 놀라운 것이다. 과거에는 가난한 사람들 대부분이 굶주렸고 많은 사람이 기아나 기아 관련 질병으로 죽었지만 이제 가난은 예전 같지 않다.

미국 정부는 2018년 기준으로 혼자 사는 성인 1명의 빈곤선을 약 1만 2,000달러(2023년 기준 빈곤선은 1인 가구가 1만 4,580달러, 3인 가구는 2만 4,860달러 ─

옮긴이)로 제시했다. 만약 우리가 생활비를 따져가며 일일이 비교한다면 이 '가난한' 미국인은 오늘날 세계 소득 상위 15% 수준이 된다. 실제로 미국인이 전 세계 소득 상위 1%가 되려면 연간 약 3만 6,000달러의 소득만 있으면 된다.

'부자를 먹어 버려라Eat the Rich'(반자본주의 좌파가 내건 슬로건이다. 부의 불평등이나 식량 위기의 증가를 표현한다. 장 자크 루소가 프랑스 혁명 때 귀족들을 비판해 '먹을 게 없으면 부자를 먹을 것이다'라고 한 말에서 따온 것이다. – 옮긴이)라고 외쳐대기 전에 여러분 자신이 부자라는 것을 기억하라. 내가 위에서 말한 걱정들, 즉 부자에 대한 편견과 돈벌이에 대한 모든 나쁜 견해가 여러분에게 적용된다는 말이다.

돈을 원하고, 돈을 벌고, 부를 지키는 것이 괜찮은지 묻는 것은 추상적인 철학적 행동이 아니다. 이런 것들은 미국 사업가이자 TV 유명 인사인 로리 그라이너Lori Greiner나 패션 업체 후부Fubu의 CEO 데이먼드 존Daymond John에 대해 하는 말이 아니다. 오히려 우리는 당신과 나 같은 보통 사람이 나쁜 사람인지, 사회에 골칫거리인지를 묻는 것이다. 다른 사람은 죽어가는 동안에 당신과 나 같은 부자들이 잘살아가는 것을 멈추고 그 돈을 모두 기부해야 하는지 묻는 것이다. 당신과 내가 우리 자신에 대해 자랑스럽다고 느껴야 할지 아니면 부끄럽다고 느껴야 할지, 그리고 우리가 생계를 위해 무엇을 할지를 묻는 것이다.

나는 그렇게 생각하지 않는다. 일반적으로 돈을 원하고, 돈을 벌고, 부를 지키는 것은 아무 문제 없는 것이다.

Why 부자가
된다는 것
It's OK to
Want to Be
Rich

제2장

돈은 어떤 일을 하는가

국민총생산은 우리 아이들의 건강, 교육의 질, 놀이의 즐거움은 따지지 않는다. 그것에는 시의 아름다움, 결혼의 힘, 공개 토론의 지성, 공직자의 성실성이 들어 있지 않다. 그것은 우리의 재치나 용기도, 지혜나 학문도, 연민이나 나라에 대한 헌신도 측정하지 않는다. 그것은 간단히 말해 삶을 가치 있게 만드는 것을 빼고는 모든 것을 측정한다.

– 로버트 케네디(1968)

미국 상원 의원과 법무부 장관을 지낸 로버트 케네디Robert Kennedy가 위의 내용을 언급한 이유가 고상한 것은 아니지만 일리는 있는 말이다.

국내총생산GDP은 사실 경제 활동이나 경제적 후생을 측정하는 불완전한 방법이다. 이러한 현대적 개념을 개발한 경제학자 사이먼 쿠즈네츠Simon Kuznets는 그 개념의 한계를 분명히 하고 복지를 대신해서는 사용하지 말라고 경고했다. GDP를 비난하는 사람들은 개념을 발명한 사람이 제기한 그 비판을 반복하고 있다는 것을 깨닫지 못한 것이다.

GDP는 청소부가 우리 집을 청소할 때나 베이비시터가 아이들을 돌봐줄 때는 통계에 넣는다. 하지만 내가 나를 위해 똑같은 일을 할 때는 측정하지 않는다. 정부의 모든 지출은 측정하지만 정부의 낭비는 설명하지 않는다. 해변을 오래 걷거나 인터넷을 검색하는 등 추가적인 돈을 들이지 않고 즐기는 것도 측정하지 않는다. 피운 담배, 폭발한 폭탄, 수용된 죄수 등은 측정하지만 기쁨, 사랑, 우정, 자유 등을 측정하지는 않는다. 따라서 로버트 케네디의 말처럼 우리가 GDP 성장에 초점을 맞추는 것은 잘못된 과녁을 겨냥한 것이라고 결론짓는 유혹에 빠지기 쉽다.

그 연장선상에서 보자면, 부를 원하면 인생의 귀한 것들로부터 멀어지게 된다는 결론을 내리기 쉽다. 말하자면 이런 식이다. '돈으로 롤렉스와 포르쉐를 살 수는 있지만, 진정한 자존감이나 다른 사람들의 존경을 살수는 없다. 마리화나와 옥시코돈을 살 수는 있지만, 승리감과 기쁨을 살수는 없다. 대통령직과 상원 의원 자리를 사는 데는 큰 도움이 되지만, 진정한 명예를 살 수는 없다. 인생에서 가장 좋은 것들은 살 수 없다. 그러니 돈을 좇는 것을 그만두고 정말 중요한 것에 집중하는 것은 어떨까?'

얼핏 보면 합리적인 고민 같다. 그러면 국민과 국가 전체가 돈을 많이 가지고 있을 때 어떤 일이 일어나는지, 또 그렇지 않을 때 어떤 일이 일어나는지 자세히 살펴보자. 돈과 부가 실제로 사람들에게 어떤 작용을 하는지, 또 그들을 위해 어떤 일을 하는지 알아보자. 장기적으로 보면 돈은 훌륭하며 인간을 해방해 주는 도구라는 것을 알게 될 것이다. 돈은 인간이 대규모로 함께 일하고 협력할 수 있도록 하는 데 필수적이다.

목록을 만들어 보자

연습부터 시작해 보자. 당신이 살 수 있는 세 가지 종류의 상품이나 서비스 목록을 만들어 보자. 최소한의 음식, 물, 주거지, 그리고 약과 같은 기본 필수품은 제외한다.

1. 삶을 진정으로 풍요롭게 해주는 상품이나 서비스 : 여러분의 친구나 사랑하는 사람들보다도 더 나은 삶을 만들어 주는 상품이나 서비스를 말한다.
2. 없어도 되는 상품이나 서비스 : 마음에 들기는 하지만, 그것이 없어도 큰 손해를 보지 않고 살 수 있는 것을 말한다.
3. 당신이 원하는 상품이나 서비스이지만 자신이 원하지 않기를 바라는 것 : 당신은 그것을 원하면서도 그것을 원하지 않게 되기를 바란다. 당신이 그것을 원하지 않았다면 당신의 삶은 더 나아졌을 것

이다.

나의 목록은 다음과 같다.

1. 키젤 베이더 기타와 메사/부기 JP2C 앰프 : 중학교 때부터 기타를 쳤다. 고급 장비를 살 수 있는 여유가 있다. 고급인 걸 알고 있고 좋게 평가한다. 밴드 그룹이건 혼자건 기타와 베이스를 연주하는 것은 가장 만족스러운 일 중 하나다.
2. 내가 가는 대부분의 식당 : 나는 미식가가 아니다. 나는 어떤 사람들처럼 훌륭한 음식을 별로 좋아하지 않다. 나는 "미슐랭 가이드에 뭐가 나오나 보자"는 레스토랑 족이 아니라 "오늘 밤은 요리하고 싶지 않아"라고 말하는 쪽이다.
3. 초콜릿 : 내가 초콜릿을 먹지 않는다면, 확실히 몸매 유지가 더 쉬워질 것이다.

당신의 목록은 어떤가?

내 말의 요점 중 하나는, 만약 당신이 돈을 쓰고도 행복하지 않다면 아마 당신은 그 돈을 올바로 쓰지 않았다는 것이다. 당신은 목록 1에 더 많이 쓰고 목록 2와 목록 3에 더 적게 썼어야 한다. 약간의 양심만 있다면, 우리는 돈이 우리의 행복을 위해 더 많이 작동하도록 만들 수 있다. (예를 들어 새로운 연구에 따르면, 돈이 당신에게 도움이 되도록 하는 가장 좋은 방법 중 하나는 시간을 절약하는 데 사용하는 것이다.)

돈은 현명하게 쓴다면 좋다. 돈이 나쁘다고 말하는 것은 접착제가 나쁘다고 말하는 것과 같다. 접착제는 고장 난 꽃병을 붙이거나 모형 비행기를 만드는 등 좋은 일에 사용할 때 좋다. 다만 환각 효과를 위해 헐떡일 때라면 본드는 좋지 않은 것이다.

여기서 더 중요한 점은 소비가 전부 같은 건 아니라는 점이다. 사람들이 돈의 더러움에 대해 불평한다면, 그것은 두 번째나 세 번째 목록에 있는 물건들을 염두에 두고 있기 때문이다. 그들은 우리의 소비 중 일부는 우리 삶에 진정한 의미와 기쁨을 가져다준다는 것을 잊고 있다. 그들은 우리가 삶에서 발견하는 진정한 의미와 기쁨의 많은 부분, 즉 우리가 부끄러워할 필요가 없는 것들이 소비재에서 나오거나 그것으로부터 매개된다는 것을 잊고 있다.

쾌락의 러닝머신

서구 사람들은 오늘날 유례없는 자유를 누리며 산다. 이전 세대의 사람들과는 달리 우리는 어디에서 살 것인가, 무엇을 먹고살 것인가, 어떤 생활 방식으로 살 것인가, 어떤 사람이 될 것인가를 마음대로 결정할 수 있다. 그러나 사람들은 경제적, 문화적, 정치적 족쇄를 벗어 던지고 해방을 즐기는 것 같지는 않다. 오히려 자신들의 내적 족쇄인 불안과 신경증에 더 많이 빠져 있다.

새 전화기, 새 차, 새집을 사는 날을 생각해 보라. 오랫동안 기다렸던 요리를 한술 떠보라. 가장 희망했던 대학의 입학 허가서를 받아 보라. 사랑에 빠져 보라. 약혼, 결혼해 보라. 갓 태어난 아이를 처음 안아 보라. 황홀해할 수도 있다. 하지만 그 감정은 서서히 사라진다. 우리는 과거의 성공에서 계속 행복을 느낄 자유는 없는 것 같다. 기쁨의 원천이었던 것들도 잠시 후에는 우리를 흥분하게 하지 않는다.

'쾌락 적응hedonic treadmill'이라는 개념이 있다. 1971년 한 에세이에 처음 소개된 것으로, 사람들은 긍정적이거나 부정적인 외부 사건에도 불구하고 안정적인 수준의 행복을 유지하는 경향이 있다는 설명이다.

심리학자들은 우리가 쾌락의 러닝머신 위를 걷고 있다고 말한다. 사람마다 기본적인 행복 수준을 가지고 있다는 것이다. 그 기본 수준은 개인에 따라 다를 수 있지만, 좋은 것은 일시적으로 북돋워 주고 나쁜 것은 일시적으로 감소시킨다. 하지만 시간이 지나면서 우리는 기본 수준으로 되돌아가는 경향이 있다.

많은 연구에서 특정한 사건들이 우리 삶에 지속적인 영향을 끼친다는 것이 드러났다. 하지만 나는 그것을 특별히 강조하고 싶지는 않다. 우리는 크리스마스 아침에 쌓인 선물들이 왜 새해 첫날이 되면 흥분을 주지 못하는지에 대해 잘 알고 있다. 그렇다면 우리는 합리적인 의문을 가질 수 있다.

이전보다 더 부유해졌다고 해서 오늘날의 우리는 더 행복할까? 보통의 미국인들은 세계 소득 상위 1%에 속하는데, 그렇다 한들 이 돈이 그들에게 도움이 될까?

'이스털린 역설'의 종말

부가 사람들의 키를 더 커지게 할 수 있는지 연구하는 것은 쉽다. 키를 재는 자와 같은 척도가 있기 때문이다. 하지만 큰 키가 사람들을 더 행복하게 만드는지를 연구하는 것은 어렵다.

'행복'의 의미는 열띤 논쟁의 대상이 되어 왔다. 그것은 개인적인 번영인가? 심리적인 만족인가? 즐거움이나 기쁨인가? 확언하기 어렵다. 게다가 우리에게는 사람들의 행복을 잴 측정기가 없다.

기껏 할 수 있는 일은, 사람들에게 먼저 행복 측정 척도의 의미를 이해하도록 교육한 뒤 전체적으로 또는 어떤 특정한 시점에 얼마나 행복한지를 평가하게 하는 것이다. 이는 불완전한 측정이다. 사람들은 스스로를 속일지도 모른다. 자랑이나 투정을 꺼리는 문화 규범이 정직하지 않게 대답하도록 압박할 수도 있다.

경제학자 그렉 이스털린Greg Easterlin은 20년 연구 후 1995년 발표한 논문을 통해 돈으로 행복을 살 수 없다고 주장했다. 그는 부유한 사람이 가난한 사람보다 일반적으로 행복하지만, 부의 절대적인 수준은 중요하지 않다는 것을 밝혀냈다.

부유한 나라에서, 1년에 10만 달러를 버는 사람은 5만 달러를 버는 사람보다 일반적으로 행복하다. 가난한 나라에서, 2만 달러를 버는 사람은 1만 달러를 버는 사람보다 일반적으로 행복하다.

그렇지만 부유한 나라에서 10만 달러를 버는 사람이 가난한 나라에서 2만 달러를 버는 사람보다 훨씬 행복하지는 않다는 걸 이스털린은 보여준다. 이웃과 비교해 더 부유하다는 것은 당신을 행복하게 하지만, 실제의 소득 수준이 더 행복하게 해주지는 않는다는 것이다.

이스털린이 밝혀낸 것은 무엇일까? 기본적인 필요를 충족시키고 어느 정도의 안정을 보장하기에 충분한 돈을 가진 후에는 돈과 행복 사이의 관계가 소원해졌다는 것이다. 이 대목에 주목하라. 이스털린은 추가로 돈을 더 벌어도 예전보다는 적은 행복을 가져다준다는 상식적인 주장을 하지 않았다. 다만, 추가적으로 버는 돈의 가치는 보통 부자보다 가난한 사람에게 더 크다는 것이다.

경제학자들은 그것을 '한계 수익 체감의 법칙'이라고 부른다. 이스털린은 일단 전 세계의 사람들이 현재 가치로 연간 약 1만 2,000달러에서 1만 5,000달러를 벌면, 추가적인 돈은 그들의 행복에 더는 긍정적인 영향을 미치지 않는다고 말한다. 이 결과는 '이스털린 역설Easterlin Paradox'이라고 불린다.

비록 많은 비판에 휩싸였지만, 이스털린 역설은 오랫동안 일반적인 통념이었다. 그러나 2008년에 경제학자 벳지 스티븐슨Betsey Stevenson과 저스틴 울퍼스Justin Wolfers가 강력한 도전을 제시했다. 이스털린의 연구 결과를 반박한 것이다. 2002년 노벨 경제학상 수상자 대니얼 카너먼 Daniel Kahneman은 이들의 연구를 이렇게 요약한다.

> 연구의 가장 극적인 내용은 소득이 삶의 만족도(삶의 사다리)에 미치는 영향이 적지 않다는 것이다. 우리는 종전에 한 국가 내의 상황을 분석한 뒤 삶의 만족도에 미치는 소득의 효과가 작다고 생각했다. 하지만 국가 간 GDP 차이는 엄청나며 이를 통해 삶의 만족도 차이를 다시 예측해 볼 수 있다.
>
> 126개국의 13만 명 이상을 대상으로 한 표본 조사에서 개인의 삶의 만족도와 그들 국가 GDP의 상관계수는 .40 이상이었다. 사회 과학 분야에서 예외적으로 높은 수치다. 노르웨이에서 시에라리온에 이르기까지 인간은 물질적 번영이라는 공통된 기준에 의해 그들의 삶을 평가하는데, 이 기준은 GDP가 증가함에 따라 변화한다.

벳지 스티븐슨과 저스틴 울퍼스는 어느 나라가 절대적인 면에서 부유할수록 그 나라 사람들이 더 행복한 경향이 있다는 것을 발견했다. 이스털린과는 대조적인 견해이다. 이웃 사람보다 더 부유한 어떤 이의 삶의 만족도가 더 높다는 것이 아니라, 부유한 나라의 전형적인 사람이 가난한 나라의 전형적인 사람보다 더 행복하다는 것이다. 세계적으로 볼 때 1년에 10만 달러를 버는 사람이 2만 달러를 버는 사람보다 더 행복한 경향이 있다. 물론 한계 수익은 체감한다. 하지만 돈은 꽤 큰 효과를 가지고 있다. 울퍼스는 이렇게 설명한다.

부룬디 사람들의 행복 척도는 왜 10분의 3.5이고, 미국인들의 행복 척도는 왜 10분의 8인가? 소득의 차이로 이 점을 설명할 수 있다. 행복의 커다란 차이는 소득의 커다란 차이에서 온다. 그런데 우리는 왜 상황을 다르게 해석할까?

스티븐슨과 울퍼스는 단순히 돈과 행복 사이의 강한 상관관계, 큰 효과만 찾아낸 게 아니다. 그들은 부유한 사람들과 부유한 나라 출신 사람들일수록 자신이 사랑받고 존경받는다고 말할 가능성이 크고, 슬프거나 우울하다고 말할 가능성이 작다고 본다. 또 전날에 웃었거나 미소 지었다고 말할 가능성이 크며, 전날 시간을 어떻게 보낼지 선택할 수 있었다고 말할 가능성이 더 크다는 것을 알아냈다.

여론 조사 회사 갤럽은 미국인들에게 '매우 행복한지, 상당히 행복한지, 행복하지 않은지'를 스스로 평가해달라고 자주 요청한다. 2014년 한 매체에 보도된 바에 따르면, 가구 소득이 1만 달러에서 2만 달러인 가난한 사람들의 42%가 매우 행복하다고 응답했다. 그런데 가구 소득이 증가하면서 매우 행복하다고 응답한 사람들은 100%에 육박했고, 행복하지 않다고 응답한 사람들은 0%에 근접했다.

이런 종류의 조사는 돈이 우리의 행복에 얼마나 큰 영향을 미치는지를 과소평가할 수 있다. 경제학자 타일러 코웬Tyler Cowen은 몇몇 연구에서 돈이 행복에 미치는 전반적인 영향이 미약한 것으로 나타났다면서 이렇게 말한다.

이것은 행복의 본질에 관한 것보다 언어의 본질에 관해 더 많은 것을 말해 준다. 예를 들면 케냐 사람들에게 자신의 건강과 관련해 얼마나 행복하냐고 물어 보라. 더 건강한 나라 사람들의 만족도 답변과 크게 다르지 않은 수준이며, 미국인의 만족도보다 더 높은 수준의 꽤 높은 만족도의 답변을 얻을 것이다.

결론은 케냐의 병원들이 숨겨진 미덕을 가지고 있다거나, 케냐에는 말라리아가 없다는 게 아니다. 케냐 사람들이 일상적인 경험으로부터 합리적으로 기대할 수 있는 것을 반영하기 위해 언어 사용을 재조정했다는 것이다.

비슷한 방식으로, 덜 행복한 상황이나 덜 행복한 사회에 있는 사람들은 자신이 행복하다는 주장에 대단치 않은 의미를 부여하는 경우가 많다. 따라서 설문에 근거한 자료는 부유한 나라 사람들의 행복에 대해 과소평가하게 될 것이다.

사람들이 자신의 행복을 1부터 10까지의 척도로 평가할 때를 생각해보자. 부유한 사람들과 부유한 나라의 사람들은 가난한 사람들이나 가난한 나라의 사람들보다 더 높은 수치에 동그라미를 친다. 그 차이가 여러분이 생각하는 것보다 작아 보인다면, 그것은 우리가 행복을 직접적으로 측정할 수 없기 때문일 수 있다. 어쩌면 식량 안정률이 낮으며 여가도 거의 없고 어린이 사망률이 높은 곳에서 고된 노동을 하는 사람들이 놀라울 정도로 회복력이 있고 행복해할 수도 있다.

아니면 코웬이 시사하는 것처럼, 무엇이 행복을 구성하는지에 대한 그들의 생각이 부유한 서양인들의 그것보다 대단하지 않을 수도 있다. 부유한 서양인들은 더 행복하지만, 훨씬 더 멋진 감정 상태를 반영하기 위해 행복이라는 단어를 잘 쓰지 않는다.

어쨌든, 가장 좋은 증거에 따르면, 더 부유한 사람들이 정말로 더 행복한 사람들이다. 말 그대로 행복을 살 수는 없지만 돈이 있으면 행복해질 가능성이 훨씬 더 크다. 왜 그럴까?

　심리학자 에이브러햄 매슬로Abraham Maslow는 인간은 '욕구의 단계 Hierarchy of Needs'를 가지고 있다는 가설을 세웠다. 체온을 유지하거나 공기, 음식, 물을 충분히 공급하는 것과 같은 낮은 단계의 항목들은 더 긴급한 것이다. 높은 단계인 교제, 사랑, 자기 충족, 자기 초월은 더 의미가 있는 것들이다. 우리는 낮은 단계의 항목들을 먼저 추구하는 경향이 있고, 이들을 확보한 후에야 높은 단계의 항목들을 추구한다. 숨이 막히는 상황에서는 누구도 진정한 사랑을 찾는 것에 대해 연연하지 않는다. 사람들은 의미 있고 만족스러운 취미를 찾는 것에 대해 걱정하기 전에 아이들에게 먹일 것이 있는지부터 확인하려고 노력한다.

　돈으로 높은 단계의 중요한 것들을 살 수는 없다. 돈이 할 수 있는 것은 낮은 단계의 것들을 사는 것이다. 그리고 우리를 여러 어려움으로부터 해방시켜 주고, 더 높은 단계의 것들을 얻을 수 있도록 실질적인 기회를 준다.

돈을 갖는 것은 자유를 갖는 것

20세기 영국의 철학자 이사야 벌린Isaiah Berlin은 영어를 모국어로 사용하는 사람들이 '자유freedom'라는 단어를 사용해 수십 가지의 다른 것들을 가리킨다고 지적했다. 예를 들어, 목적을 달성하기 위한 힘이나 능력을 가리킬 때 자유라는 단어를 사용한다. 새나 슈퍼맨이 자유롭게 날 수 있다고 말할 때, 그것은 새와 슈퍼맨이 날아다니는 힘을 가지고 있다는 것을 의미하는 것이다.

철학자 코헨은 돈, 혹은 그것이 나타내는 실질적인 부를 '범용 티켓'과 같다고 말한다. 돈이 많을수록 할 수 있는 일이 더 많아진다는 뜻이다.

록 밴드를 시작하고 싶은가? 그렇다면 악기를 살 돈이 필요하다. 어떻게 연주하는지 배울 시간을 벌기 위해서도 돈이 필요하다. 세상을 보고 싶은가? 그렇다면 여행을 하기 위해 돈이 필요하다. 순수 예술을 경험하고 싶은가? 전 세계의 음식을 즐기고 싶은가? 외식을 하거나 아니면 재료를 사서 직접 요리하는 법을 배우기 위해서도 돈이 필요하다. 아름다운 정원을 가꾸고 싶은가? 도구, 씨앗, 화분, 흙, 그리고 공간을 위한 돈이 필요하다.

여기서 말하려는 건 모든 것에 돈이 든다는 것만이 아니다. 요점은 돈이 당신을 세상에 접근할 수 있게 한다는 것이다. 일반적으로 당신이 부유할수록 당신은 더 많은 능력을 가질 수 있다. 코헨은 "돈을 갖는 것은 중요한 종류의 자유를 갖는 것"이라고 결론짓는다.

오늘날 보통 사람들도 조상들과 비교했을 때 더 많은 선택권을 가지고 있다. 어떤 삶을 영위할지, 어떤 사람이 될지, 어떤 순간에 무엇을 하고 있을지에 대해 선택지가 넓은 것이다. 지금까지 살았던 사람 중 가장 부유한 집단인 현대인들은 지금까지 살았던 사람들보다 훨씬 더 많은 자유를 갖게 되었다.

이 모든 새로운 부와 돈으로 무엇을 살까?

레저

일부 인류학자들은 수렵 채집꾼들이 충분한 여가를 누렸다고 생각한다. 먹을 입이 적고 사냥감은 많은 데다 땅이 넓어 아마도 충분한 식량을 모으는 것이 쉬웠을 것이다. 그런데 농업으로의 전환은 더 많은 일을 해야 함을 의미했다. 농업 공동체는 더 많은 사람들을 먹일 수 있었지만, 사냥보다 더 많은 노동을 필요로 했다.

산업혁명은 초기에 이런 상황을 더 악화시키는 듯했다. 사람들은 훨씬 더 긴 시간 일하기 시작했다. 앞선 중세 영국의 농부들은 심고 수확하는 계절이나 영주들을 위해 강제 노동을 할 때만 고되게 일해야 했다. 일할 시간에도 놀면 극도의 빈곤에 빠질 수밖에 없었지만 일이 없을 때는 충분한 여가를 가진 것 같았다. 그러나 영국이 산업화를 시작했을 때, 훨씬 더 많은 사람을 먹일 수 있게 됐지만, 적어도 처음에는 노동 시간이 극적으로 증가한 것처럼 보였다.

1870년으로 돌아가 보자. 그해 미국은 1인당 소득으로 따지면 세계에서 가장 부유한 나라 중 하나였고, 지금까지 존재했던 나라 중 가장 부유한 나라 중 하나였다. 1인당 GDP는 현재 가치로 약 3,000달러였다. 이는 가난에 찌들었던 과거에 비하면 놀라운 숫자였다. (실제로 1870년은 말할 것도 없고 오늘날도 3,000달러는 여전히 세계 소득자의 상위 절반에 속한다.)

그러나 1870년대 미국에서는 보통 사람들이 13세부터 풀타임으로 일하기 시작했고 죽을 때까지 일을 계속했다. 1년에 집안일에 약 2,000시간, 월급을 받기 위해 집 밖에서 3,000시간을 일하는 등 약 5,000시간을 일했다. 1871년 미국은 그 당시 존재했던 3대 부국 중 하나였는데, 보통의 미국인은 인생의 61%라는 시간을 깨어 일하는 데 소비했다. 그들은 일생에 약 9만 9,000시간의 여가를 즐겼지만 15만 시간 이상을 일하는 데 소비했다.

다시 오늘날을 보자. 오늘날 보통 미국인은 삶의 28% 미만을 깨어 일하는 데 소비한다. 평균적인 미국인은 20세 이후부터 풀타임으로 일하기 시작하고 63세 이전에 은퇴한다. 그들은 집안일을 하거나 돈을 벌기 위해 집 밖에서 일하는 시간을 모두 합해 1870년 미국인이 일했던 시간의 절반만 일한다. 그리고 일생 동안 약 33만 시간의 깨어 있는 여가를 즐긴다. 오늘날 전형적인 미국인이 남북전쟁 직후의 미국인들보다 깨어 있는 여가를 26년 이상 더 즐긴다는 의미다. 26년이라는 이 숫자에 잠자는 시간은 포함되지 않는다는 점을 명심하라.

사람들이 그 많은 여가를 가지고 무엇을 할 수 있을까? 그들은 비디오 게임을 하거나 넷플릭스를 볼지도 모른다. 브로드웨이 쇼나 클래식 음악을 즐길지도 모른다. 악기를 배우거나 취미를 고를지도 모른다. 다른 사람들을 돕는 자원봉사 활동을 할지도 모른다. 디즈니 월드나 유명 여행지로 휴가를 갈 수도 있다. 아무것도 하지 않을 수도 있다.

우리가 여가를 어떻게 보내느냐 하는 것은 우리에게 달려 있다. 아마도 몇몇은 다른 사람들보다 더 의미 있거나 인상적인 방법으로 여가를 사용한다. 어쨌든 불과 140년 전의 미국인들보다 적어도 25년의 깨어 있는 여가를 더 누리고 있다.

생명과 건강

우리가 많은 여가를 즐기는 이유 중 하나는 시간을 더 많이 가졌기 때문이다. 이것은 더 말할 필요가 없다.

서기 1000년 영국에서는 출생 시 기대 수명이 평균 26세에 불과했다. 1900년 미국에서도 43세에 불과했다.

이 숫자에는 오해의 소지가 약간 있다. 서기 1000년의 사람들은 현재보다 더 빨리 늙어가긴 했지만, 그렇다고 26살에 노인이 된 것은 아니다. 5세 미만의 어린이들이 높은 비율로 사망해 기대 수명이 낮아진 것이다.

1800년은 인류 역사상 가장 풍요로운 해였다. 그러나 당시 전 세계적으로, 심지어 미국이나 네덜란드, 영국과 같은 가장 부유한 나라에서도 적어도 30%의 어린이들이 5세 이전에 사망했다. 인도에서는 5세 이전 사망률이 50%를 넘었다. 오늘날 전 세계적으로, 심지어 가장 가난한 나라에서도 그 비율은 훨씬 더 낮다. 미국, 네덜란드, 영국, 그리고 다른 부유한 나라들에서의 어린이 사망은 매우 희귀하다.

1800년 미국에서는 소아병을 이겨내고 5살까지 살면 앞으로 40~50년 정도 더 살아갈 것으로 예상할 수 있었다. 그래도 현대 사람들과 비교하면 젊은 나이에 죽을 가능성이 컸다.

오늘날 우리는 주로 백신, 영양 개선, 위생 개선의 조합 덕분에 훨씬 더 오래 산다. 뉴욕 거리에 자동차 배기가스가 더 많을 수 있지만, 대장균을 담고 있는 말똥으로 가득 차 있지는 않다. 물과 음식은 깨끗하다. 소아마비, 디프테리아, 홍역, 독감 등의 질병에 대한 백신이 있다. 유럽 사람과 접촉한 아메리카 원주민의 절반 이상을 죽게 했을지 모르는 천연두는 근절되었다. 그 결과로 우리는 젊어서 생명을 위협하는 질병에 걸릴 가능성이 작다. 더 나은 영양 덕분에 병에 걸려도 살아남고 회복할 가능성이 더 크다.

세계의 부유한 지역에서 아이들은 식량 부족으로 인한 성장 저해 또는 정신 발달의 저해를 더는 겪지 않는다. 오히려 미국과 같은 부유한 국가의 '가난한' 사람들은 저체중보다 비만일 가능성이 더 크다. 비만은 진짜 문제이지만 예전에는 부자의 질병이었다. 그레그 이스터브룩Greg Easterbrook은 이렇게 썼다.

> 4세대 전만 해도 가난한 사람들은 울타리 기둥처럼 야위어 있었고, 팔은 뼈만 앙상했으며 얼굴은 수척했다. 조상들로서는 요즘 가난한 사람조차 과식하고 있다는 것이 활주로에서 솟아오르는 제트 여객기보다 더 생각하기 어려운 일일지 모른다.

서구인들은 80대나 90대까지 살기를 기대할 수 있다. 수십 년 더 건강한 삶을 사는 것은 우리의 개인적 자유, 즉 진정으로 우리 자신의 삶을 영위할 수 있는 능력에 최고의 보너스를 주는 것이다.

빛과 책

2018년 노벨상을 수상한 경제학자 윌리엄 노드하우스William Nordhaus는 어둠이 예전 같지 않다고 지적한다. 오늘날은 해가 져도 삶은 계속된다.

항상 그런 것은 아니었다. 빛은 과거에는 엄청나게 비쌌다. 심지어 왕들조차도 거대한 성과 궁전에서 어둠과 그림자 속에서 살았다.

14세기와 오늘날 사이에 빛의 가격은 1만 2,000분의 1로 떨어졌다. 보통 양초는 약 65루멘시의 빛을 생산한다. (루멘시는 광량의 단위로 1루멘의 광원이 1시간에 내는 광량이다. LED 조명이 등장한 이후 과거의 와트Watt 단위 대신 사용됐다. - 옮긴이) 1300년대 초반 영국에서는 100만 루멘시의 빛에 오늘날 달러로 약 5만 달러의 비용이 들었다. (당시 1인당 평균 수입은 오늘날 달러로 약 1,000달러에 불과했다.) 지금 100만 루멘시의 빛, 즉 약 1만 5,400개의 양초에 해당하는 빛은 몇 달러 비용밖에 들지 않는다. 빛의 가격은 1300년과 1800년 사이에 점진적으로 떨어졌고 1800년과 1900년 사이에 극적으로 떨어졌다. 전기가 보급되면서 1900년과 오늘날 사이에는 훨씬 더 극적으로 떨어졌다.

그것은 무엇을 의미하는가? 오늘날 우리는 잠자기 전에 아이들에게 책을 읽어주는 시간을 즐긴다. 1300년에는 사람들 대부분이 책을 읽을 수 있는 빛을 살 여유가 없었다. 그들은 책을 살 여유도 없었고 대개 문맹이었다.

오늘날은 예전보다 훨씬 더 많은 책이 있다. 그 이유 중 하나는 책값 자체가 싸진 것이다. 인쇄기와 인쇄술의 발전 덕분에 책 한 권을 만드는 데 드는 비용은 700년 전의 300분의 1에도 미치지 못한다.

오늘날에는 인쇄된 책이 꼭 필요한 것도 아니다. 인터넷 연결이 되고 컴퓨터, 스마트폰, 태블릿 등이 있다면 거의 모든 오래된 책을 합법적으로 무료로 얻을 수 있다. 또한 어디에서 찾아야 할지를 안다면 이 책을 포함해 거의 모든 새 책을 불법적으로 무료로 얻을 수 있다. 비록 출판사의 편집자들은 "제발 그러지 말라"고 부탁하지만 말이다.

안전과 평화

뉴스에서는 기자들이 전 세계에서 일어나는 무력 충돌에 대해 늘 보도한다. 뉴스를 볼 때마다 여러분은 이 세계가 항상 전쟁에 휩싸여 있다는 인상을 받을지도 모른다. 하지만 사실 우리는 역사상 가장 평화로운 시대에 살고 있다.

인류학적 증거를 보면 수렵 채집인들도 전사이며 약탈자였다. 도시 국가와 국민 국가가 등장했을 때도 인간의 호전적인 성향은 사라지지 않았다. 국가는 대규모로 전쟁을 조직할 수 있는 능력이 있다. 기술의 발전은 더 치명적인 전쟁을 만들어냈다. 수렵 채집 시절에는 한 부족이 이웃 부족 전체를 죽이고 강간할 수 있었지만, 제2차 세계대전이 끝날 때쯤에는 폭탄 하나로 도시 전체를 파괴할 수 있게 되었다.

그렇지만 오늘날 전쟁이나 무장 전투에서 사망하는 사람의 숫자는 과거보다 적다. 로렌스 킬리Lawrence Keeley 등 고고학자들은 과거 수렵 채집 부족에서 전쟁과 무장 충돌이 일어나면 남성의 사망률이 60%까지 올라갈 수 있다고 지적한다. 20세기 유럽에서는 두 차례의 세계대전에도 불구하고 그 비율은 몇 퍼센트에 불과했다. 다양한 내전과 아프가니스탄에서의 끝나지 않는 전쟁 등에도 불구하고 무장 충돌로 사망하는 사람의 비율은 1950년 기준 10만 분의 22에서 오늘날은 10만 분의 1 정도로 감소했다.

사회 과학자들은 무력 충돌로 인한 사망률 감소 이유에 대해 여러 가지 의견을 낸다. 그중 하나는 부의 효과이다. 사람들은 부자가 될수록 무력 충돌로 인해 얻는 것이 점점 더 적어진다. 남은 자원을 차지하기 위해 필사적으로 투쟁하는 종말론적 공포 영화를 생각해 보라. 거기서 다시 돌아와 자원, 부, 그리고 기회가 더 풍부해진 곳을 상상해 보라. 싸우고 싶은 충동은 시들어간다. 부유한 사회는 평화롭게 거래하고 협력하는 삶을 더 추구한다.

우리의 부는 우리를 서로로부터 안전하게 해줄 뿐만 아니라 지구 자체로부터도 안전하게 해준다. 국제 재해 데이터베이스the International Disaster Database는 1960년대 이전에는 기상과 관련된 재해의 수가 상대적으로 많지 않았지만 이후 증가하고 있음을 보여 준다.

기후는 온난화하고 여러 면에서 악화하고 있다. 하지만 자연재해로 인한 사망자의 수는 심지어 100년 전보다도 훨씬 적다. 증가한 부 덕분에 사람들이 재해에 더 안전하게 대응하고, 재난에 더 강한 주택을 마련할 수 있기 때문이다. 부는 정부가 사람들을 재해로부터 보호할 사회 기반 시설을 더 좋게 마련하도록 해준다. 부는 사람들이 허리케인과 같은 다가 오는 재난으로부터 달아날 지식과 능력을 갖게 해준다.

게다가 작업과 운송 관련 사고도 감소했다. 사람들은 현재 100년 전보다 작업 중에 크게 다칠 가능성이 훨씬 낮다. 이렇게 된 이유 중의 하나는 우리가 부자가 될수록 덜 위험한 작업 형태에 의지하기 때문이다. 부자가 될수록 작업의 위험을 줄이는 더 많은 안전장치를 마련할 수 있기 때문이다.

지금도 지구는 온난화하고 있다. 미래는 지금보다 기후가 덜 쾌적할 것이다. 기후 재앙의 심각성이 오늘날보다 미래에 더 높을지라도 우리가 가진 경제적 증거는 우리의 후손들 대부분이 우리보다 훨씬 더 잘살 것이라는 점을 보여 준다.

기후 변화의 경제학에 관한 연구로 노벨상을 수상한 윌리엄 노드하우스William Nordhaus는 온실가스를 통제하지 않을 경우의 피해액을 추정해 보았다. 그는 1900년의 수준에서 3.4°C 증가하면 2095년의 피해액은 12조 달러로 세계 생산량의 2.8%나 된다고 지적한다. 그는 독자들에게 만약 우리가 온실가스 배출을 줄이기 위한 어떠한 조치도 취하지 않는다면 어떤 일이 일어날지 상상해 보라고 말한다.

노드하우스는 2095년 세계 생산액을 2010년 달러 기준 450조 달러로 추산하는데, 이는 연간 성장률을 보통 수준인 약 2.5%로 본 것이다. 그의 추정에 따르면, 우리가 기후 변화를 줄이기 위해 아무것도 하지 않더라도 2095년의 사람들은 지금보다 엄청나게 잘살 것이다. 만약 세계가 보수적으로 2.5% 정도의 성장을 계속하고, 2095년까지 세계 인구가 약 112억 명이 될 것이라는 유엔의 추정치를 감안하면 세계의 평균적인 사람은 지금의 평균적인 독일인이나 캐나다인만큼 부유해질 것이다.

기후 변화의 경제학에 관한 '스턴 리뷰Stern Review'(세계은행 부총재 출신인 영국의 경제학자 니콜라스 스턴Nicholas Stern이 2007년 기후 온난화의 위험성을 경고한 보고서 – 옮긴이)는 훨씬 더 비관적인 추정치를 제공한다. 기후 변화는 2100년까지 경제 생산을 20% 감소시킬 것이라는 주장이다. 이것은 2100년의 세계 생산이 2007년보다 20% 적을 것이라는 의미가 아니다. 탄소 배출이 늘지 않고 기온이 상승하지 않는다는 가상의 상황에서도 기후 변화는 2100년의 세계 생산을 20% 감소시킬 것이라는 의미이다.

물론 노드하우스와 스턴은 우리가 기후 변화를 완화하는 조치를 취해야 한다고 주장하고 있고, 나도 동의한다. 하지만 산업화에 따른 경제 성장이 기후를 더 악화시키기도 하지만 기후가 우리에게 미치는 피해를 줄여 준다는 점 역시 변함이 없다.

문화-문화에 대한 접근성

애덤 스미스Adam Smith는 현대 경제학의 기본 교과서인 『국부론the Wealth of Nations』(1776)에서 시장의 크기에 의해 노동 분업이 제한된다고 말했다. 그것은 문화 상품에도 적용된다. 예전보다 훨씬 더 많은 사람이 예전보다 훨씬 더 오래 산다. 그들은 문화 상품을 소비할 수 있는 훨씬 더 많은 돈과 여가를 갖고 있다.

그것은 무엇을 의미하는가? 경제학자 디어드레 맥클로스키Deirdre McCloskey의 계산에 따르면, 세계 문화 시장은 1,000년 전보다 약 9,000% 더 크다.

철학자 장 자크 루소Jean-Jacques Rousseau는 상업적인 사회는 사람들에게 허영심이 많고, 멍청하고, 조종하기 쉽고, 값싼 장신구에 빠지도록 가르친다고 믿었다. 그는 이런 결론에 대한 경험적인 증거를 제시하지 않았다. 단지 창밖을 내다보면서 이웃들을 향해 손가락질을 해댔을 뿐이다.

루소가 믿을 만한 어떤 이유도 제시하지 못했더라도 이것은 흥미로운 가설이다. 즉, 어쩌면 문화 시장이 대폭 커졌어도 우리가 생산하고 소비하는 문화가 9,000배 더 좋지는 않다는 것을 의미하는 것이기 때문이다.

예술, 음악, 음식의 발전을 설명하기 위해 경제 분석을 사용하는 타일러 코웬Tyler Cowen 역시 맞장구를 친다. 그는 갈수록 성장하는 문화 시장은 테일러 스위프트Taylor Swift(1989년생 미국의 싱어송라이터이며 컨트리 팝 부문의 레전드다. 16세에 데뷔해 한 번도 슬럼프가 없었다. 2023년 미국과 남미 순회 공연이 열리는 곳마다 여행 관광 업계가 기록적인 매출을 올려 '스위프트노믹스Swiftnomics'라는 신조어가 생겼을 정도다. - 옮긴이)와 함께 당신이 하찮게 생각하는 수많은 예술가들을 배출한다고 대답할 것이다. 그렇다. 그것은 자동차 경주NASCAR와 당신이 하찮게 여기는 모든 스포츠와 공연을 만들어 낸다. 그것은 스니커즈 바와 당신이 교양 없다고 생각하는 모든 음식을 생산한다.

그러나 그것은 또한 당신이 천재라고 생각하는 모든 사람을 생산하기도 한다. 모차르트, 베토벤, 미켈란젤로, 셰익스피어 등 '위대한 인물들'은 결국 영리 사업가였다. 오늘날 미국 경제는 루소의 제네바(루소는 당시 도시 국가이던 제네바 공국에서 태어나 프랑스에서 주로 활동했다. - 옮긴이)가 그랬던 것보다 훨씬 더 상업적이다. 그러나 노동자 계급의 부모에게서 태어난 아이는 루소 자신의 시대보다 오늘날 루소를 읽을 가능성이 훨씬 더 크다.

역사적으로 예술과 문화 발전의 중심지가 무역의 중심지가 되었던 곳이 많은데, 이는 우연이 아니다. 무역 도시라는 것은 서로 다른 생각을 가진 서로 다른 사람들을 하나로 모으는 곳이다. 사람들은 새로운 생각을 접하게 되고, 다른 사람들에게서 빌려오고, 자신과 다른 사람들의 생각을 종합해 새로운 문화 상품을 만들어 낸다. 고대 그리스에서 예술 발전의 중심이 스파르타가 아닌 아테네였다거나, 평양보다는 서울에서, 모스크바보다는 뉴욕에서 만들어지는 문화와 예술이 훨씬 많다는 것은 놀라운 일이 아니다.

오늘날 부의 증가 덕분에, 그리고 증가한 부가 만들어 낸 기술 덕분에 여러분은 세계의 많은 문화를 손가락 끝에 갖고 있다. 새로운 형태의 음악을 듣고 싶은가? 1950년대 사람들은 라디오와 동네 가게의 한정판 앨범에 의지했다. 1800년대에는 악기를 살 수 있는 이웃의 연주를 들을 수 있었다. 그러나 지금은 음악 스트리밍 서비스 등으로 인해 어디에서나 무료로 거의 모든 것을 들을 수 있다.

사랑을 살 수 있나?

말 그대로 사랑을 살 수는 없다. 그렇지만 돈이 많다면 더 나은 결혼을 하리라고 예측할 수는 있다.

심리학자이자 『결혼 생활The All or Nothing Marriage』(2017)의 저자인 일라이 핀켈Eli Finkel은 지난 수천 년 동안 좋은 결혼 생활에 대한 우리의 기준이 극적으로 높아졌다고 지적한다. 과거에 사람들은 약간의 우정과 노동 분업 역할로서의 동반자를 원했다. 이제는 정서적인 지지, 자기 충족, 존경할 수 있는 사람, 그리고 최고의 사람이 될 수 있도록 도와주는 사람을 배우자로 원한다. 수준이 대단히 높아진 것이다. 서구 세계의 이혼율이 높은 것은 사람들이 결혼에 대해 합리적인 기대치보다 더 많은 것을 요구한다는 점도 한 이유가 된다.

문제는 부유한 사람들이 가난한 사람들보다 실제로 결혼을 통해 더 좋은 것들을 얻는 데 성공하는 경향이 훨씬 더 높다는 점이다. 그 이유는 중상류층이 되는 데 기여하는 양심, 인내, 충동 조절, 감정 지능, 일반 지능과 같은 심리적 요인들이 사람들을 좋은 결혼 상대로 만드는 데 기여하기 때문일 것이다. 사람들, 특히 양심적인 사람들은 아무하고나 무작위로 결혼하지 않는다. 양심적이고 사려 깊은 사람들은 서로 결혼하는 경향이 있다.

그러나 동시에 돈 자체가 차이를 만든다는 증거도 있다. 돈 문제는 결혼 스트레스와 싸움의 가장 큰 원인 중 하나다. 수입이 높을수록 그러한 스트레스로부터 벗어나는 경향이 있다. 돈이 많을수록 문제는 적다. 핀켈은 부자가 가난한 사람보다 이혼율은 훨씬 낮고 결혼 만족도는 훨씬 높다고 지적한다. 그의 설명이다.

> 가난한 사람들이 결혼의 중요성을 인식하지 못하는 것이 아니다. 결혼을 할 때 중요하다고 생각하는 요소가 부자와 가난한 미국인들 사이에 차이가 나는 것도 아니다. 문제는 1980년 이래로 실업 상태이거나 여러 직업을 전전하는 등 불평등을 악화시켜 온 바로 그와 같은 추세 때문이다. 덜 부유한 미국인들이 견고한 부부관계를 유지하는 데 필요한 시간과 다른 자원들을 투자하는 것을 점점 더 어렵게 만들었기 때문이다.

미국의 경우 결혼율이 하락하고 있다. 그러나 모두 그런 것은 아니다. 고소득 여성들은 결혼율이 상승하고 있고 고소득 남성들은 약간의 하락만 있었다. 캐서린 램펠Catherine Rampell은 「뉴욕타임즈 이코노믹스」 블로그에 이렇게 쓰고 있다. '결혼은 부자들을 위한 것이다. 부자 남성들은 부자 여성들과 결혼해 자신과 자녀들을 위해 두 배 부유한 가정을 만들고 있다. 그리고 가난한 사람들은 가난한 채로 혼자 지내고 있다.'

돈이 시장에서 하는 일

시장 경제에 대해 말할 때, 우리는 종종 회사 간의 경쟁을 강조한다. 그러나 소수와 경쟁하면서 어떤 일을 할 때 당신은 보이지 않는 수백만의 사람들과 협력한다. 기본적으로 경제는 함께 일하는 사람들의 시스템이다. 인간은 특이하게 사회적인 동물이다. 우리는 수십억의 규모로 낯선 사람들과 함께 일하고 있다.

단순한 물건인 HB연필을 생각해 보자. 저널리스트 레너드 리드Leonard Read가 지적했듯이, 말 그대로 수백만 명이 연필을 만들기 위해 일하지만, 아마 자신이 그렇게 하고 있다는 것을 깨달은 사람은 몇백 명에 불과할 것이다. 연필에 코팅하는 페인트를 만드는 기계의 볼 베어링에 들어가는 철을 채굴하는 사람을 생각해 보라. 그는 자신이 연필을 만드는 걸 돕고 있다는 것을 모를 것이다. 목재를 자르는 전기톱의 칼날을 디자인한 기술자를 가르친 교수는? 그 역시 자신이 연필을 만드는 것을 돕고 있다는 것을 모를 것이다. 수백만 명의 이질적인 사람들은 가장 간단한 물건도 함께 만들기 위해 일한다. 그런데 아주 소수만이 자기가 무엇을 하고 있는지 알고 있다.

연필을 만드는 과정은 너무 복잡해서 지구상에서 누구도 연필을 처음부터 어떻게 만드는지 알지는 못한다. 재료를 있는 대로 모아서 연필을 만들어 보려고 해도 평생 완성하지 못할 것이다. 그래도 무엇인가가 어떻게든 이 사람들을 함께 일하게 한다. 어떻게든 연필과 컴퓨터, 제트기가 만들어진다.

어떻게? 작동하는 경제 때문이다. 작동하는 협력 체계는 세 가지를 필요로 한다.

1. 정보 : 무엇인가가 각 개인에게 그들이 해야 할 일을 알려줘야 한다.
2. 인센티브 : 무엇인가가 사람들로 하여금 그 정보에 따라 행동하도록 유도해야 한다.
3. 학습 : 무엇인가가 사람들의 실수를 바로잡아야 하고, 사람들이 정보와 인센티브에 더 잘 대응할 수 있도록 가르쳐야 한다.

현대 시장 경제는 다음과 같은 세 가지 메커니즘으로 이러한 요구를 충족시킨다.

1. 정보 : 시장 가격.
2. 인센티브 : 자신이 적절하다고 생각하는 대로 처분할 수 있는 사유재산을 획득할 수 있는 능력.
3. 학습 : 이익과 손실.

이것이 의미하는 바는 '돈은 인간이 수십억 명의 규모로 협력할 수 있게 하는 도구'라는 것이다.

경제학 수업을 듣지 않았어도 '시장 가격은 수요와 공급의 함수'라는 말은 들어봤을 것이다. 시장 가격은 변덕스러운 경영자가 임의로 정한 숫자가 아니다. 월마트의 매니저는 TV에 가격 스티커를 붙일 수는 있어도 TV가 실제로 그 가격에 팔리라고 명령할 수는 없다. 대신 수요와 공급의 함수인 시장 가격이 나타난다.

수요와 공급의 힘은 우리가 우리 주변의 세상에 반응할 때 서로 다른 지식과 서로 다른 욕망에 따라 결정된다. 우리는 각자 알고 있는 게 있고 원하는 게 있다.

우리는 각각 두 가지 기본적인 성향을 가지고 있다. 모든 것이 같은데 가격이 비싸지면 우리는 갖고 싶은 것 대신 대체품을 찾는 경향이 있다. 예를 들어, 100달러나 500달러짜리 책을 구입하는 사람은 줄어들 것이다. 모든 것이 같은데 가격이 비싸질수록 우리는 그러한 상품과 서비스를 직접 생산할 의욕이 생긴다. 예를 들어, 월마트가 계산원들에게 시급 1,500달러를 지불할 계획이라는 것을 알게 된다면, 나는 보수적인 교수직을 그만두고 대신 월마트에서 일할 것이다. 수요와 공급의 힘은 경제에서 모든 개인이 가지고 있는 정보를 고려해 그들이 내리는 선택과 균형에 의해 결정된다.

이것이 의미하는 것은 무엇일까? 시장 가격은 상품의 희소성에 대한 정보를 전달할 때 상품에 대한 사람들의 욕구를 고려한다는 것이다. 따라서 시장 가격은 사람들의 욕구와 필요에 따라 생산자와 소비자가 자신의 행동을 조정하는 방법을 알려준다. 그리고 중요한 것은 시장의 행위자들은 가격이 무엇인지를 이해할 필요 없이 그렇게 한다는 것이다. 시장 가격이 시장에 있는 모든 사람의 지식과 욕구를 요약한다는 사실을 경제학자들을 제외하고 이해하는 사람은 거의 없다. 그러나 사람들은 가격이 신호라는 것을 알지 못함에도 불구하고 시장이 제공하는 정보 신호에 따라 행동한다.

예를 들어, 주석 광산에 재난이 발생했거나 광부들이 주석을 찾기가 점점 더 어려워지고 있다고 가정해 보자. 동시에, 어떤 사람이 보크사이트에서 알루미늄을 분리하는 더 저렴하고 쉬운 방법을 찾아냈다고 가정해 보자.

주석을 구하기가 더 어려워졌으니 주석 가격은 당연히 오를 것이다. 사람들은 주석을 공급하는 것이 이익이 될 때만 공급할 것이고, 재난 상황임을 고려할 때 주석은 더 높은 가격에 팔려야 수익을 낼 수 있기 때문이다.

동시에 알루미늄의 가격은 하락할 것이다. 새로운 공정으로 순수 알루미늄을 만드는 비용이 더 싸져서, 생산자들이 훨씬 낮은 가격에도 수익을 낼 수 있기 때문이다. (1824년에 알루미늄이 발견되었다. 알루미늄은 지각에서 세 번째로 흔한 금속임에도 불구하고 순수 알루미늄을 생산하는 것은 엄청나게 비쌌다. 따라서 알루미늄은 귀금속처럼 취급되었고, 그래서 워싱턴 기념물에 은이나 금 모자 대신 알루미늄 모자가 있는 것이다.)

주석 가격이 오르고 알루미늄 가격이 하락하면 코카콜라, 캠벨 수프 등은 캔의 원료를 주석에서 알루미늄으로 바꾸게 된다. 그러면 부족한 자원인 주석을 절약하고 대신 더 풍부한 자원인 알루미늄을 사용하게 된다. 주석을 정말 필요로 하는 사람들, 즉 주석을 사용함으로써 가장 많은 가치를 얻는 사람들만이 주석을 계속 구매할 것이다. 따라서 가격은 모든 사람이 자원을 절약하도록 유도하고 자원이 가장 가치 있는 사용자에게 돌아가도록 할 것이다. 코카콜라와 캠벨 수프는 주석이 갑자기 비싸지고 알루미늄이 싸진 이유를 알 필요조차 없다. 가격만 알면 되고, 그들은 그에 따라 행동을 취할 것이다.

게다가 코카콜라는 이윤 추구를 위해 알루미늄을 덜 사용하는 방법도 찾으려고 할 것이다. 알루미늄을 덜 사용할수록 더 많은 이윤을 낼 수 있기 때문이다. 실제로 바로 이런 이유로 탄산음료 캔에는 50년 전보다 훨씬 더 적은 알루미늄이 들어간다. 탄산음료 캔은 50년 전의 일자형 원통과는 달리 금속 성분이 덜 함유되어 있음에도 불구하고 높게 쌓을 수 있도록 위와 아래가 구부러져 있다. 이것은 코카콜라 경영진이 환경주의자이기 때문이 아니라, 비용을 절감하면 더 큰 이윤을 낼 수 있다는 점을 알았기 때문이다. 시장 가격은 사람들이 아껴 쓰도록 유도한다.

이번에는 정전이 되었다고 가정해 보자. 당신은 차가운 와인이 따뜻해지는 것을 싫어해 얼음을 사러 가게로 달려간다. 하지만 얼음 한 봉지에 12달러라는 것을 알게 된다. 당신은 아마 와인을 차갑게 하기 위해 굳이 비싼 얼음을 살 필요는 없다고 판단할 것이다. 이때 당신이 깨닫지 못한 것이 하나 있다. 당신이 얼음을 사지 않기로 결정함으로써 당뇨병 환자의 인슐린을 식히는 데 필요한 얼음이 남게 된다는 점이다.

시장에는 중앙 기획자도, 담당자도, 위원회도 없다. 하지만 시장 경제가 계획되지 않았다는 의미는 아니다. 세계 시장 경제에는 73억 명(세계 인구는 2022년 11월 15일 80억 명을 돌파했다. - 옮긴이)의 기획자가 있다. 시장에 있는 사람들은 경제에 대한 정보, 지역의 기회와 비용, 특히 자신의 욕구에 대한 정보가 제각각이다. 경제 시스템이 작동하려면 확산하는 이들 정보가 다른 모든 개별 기획자들에게 전달되어야 한다. 경제학자들이 '가격은 수요와 공급의 함수'라고 말할 때, 그들은 가격이 확산하는 이들 정보를 다른 모든 사람에게 전달한다는 것을 의미한다. 시장에서 가격은 측정값이다.

이윤의 의미에 대해서는 제3장에서 더 길게 이야기하겠다. 하지만 제1장에서 전형적인 미국인들은 '이윤 = 착취, 부정행위, 사회적 해악'이라고 생각한다고 말한 것을 기억하라. 사람들이 정말로 다른 사람들을 속이거나 시스템으로 장난치는 등 특별한 경우에는 이윤이 그런 의미가 되는 것이 맞다. 하지만 이윤이 일반적으로 그런 의미라고 생각하는 것은 틀린 것이다.

이윤은 이렇게 작동한다. 당신이 망가진 새 맥북을 이용해 조각품을 만드는 예술가가 되려 한다고 치자. 당신은 새로 산 노트북을 잘게 부숴 스티브 잡스 조각상으로 다시 조립한다. 조각상 하나를 만드는 데 10만 달러가 들었다고 치자. 그리고 시장에 내놓는다.

사람들은 조각상이 가격보다 더 가치가 있다고 생각할 때만 당신의 조각상을 살 것이다. 그 결과는? 당신 역시 조각상을 만들기 위해 지불한 가격보다 더 많은 돈을 받을 수 있을 때만 조각상들을 계속 팔 것이다.

놀랍게도 사람들이 당신의 조각상을 좋아하고 조각상 하나에 20만 달러를 지불할 용의가 있다고 해보자. 이것은 구매자들 대부분이 당신의 조각상을 20만 달러 이상으로 평가한다는 것을 의미하고, 구매자들 누구도 그 이하로 평가하지 않는다는 것을 의미한다. (그렇지 않으면 그들은 그것들을 사지 않을 것이다.) 이 경우 당신은 조각상 하나당 10만 달러의 이익을 얻는다. (이익은 수익에서 비용을 뺀 것과 같다.) 이것은 당신이 10만 달러의 가치를 지닌 부품과 노동력을 20만 달러의 가치를 가진 것으로 변화시켰다는 것을 의미한다. 당신이 이익을 내고 있다는 사실 자체가 당신이 가치를 창출하고 있다는 것을 증명한다.

이익이라는 것은 사람들이 어느 정도 가치를 부여한 것을 당신이 더 가치 있게 변화시키는 방법을 찾은 것에 대한 보상이다. 당신은 계속 그렇게 하면서 다른 사람들을 더 잘살게 만들어 주는 한에서만 계속해서 이익을 낼 수 있다.

당신의 조각상을 10만 달러 이상에 사고 싶어 하는 사람이 아무도 없다고 해보자. 조각상 하나를 만드는 데 10만 달러를 들였어도 가장 많이 받을 수 있는 것은 벼룩시장 가격 10달러이다. 그 경우 조각상을 하나 팔 때마다 당신은 9만 9,990달러를 잃는다. 당신은 이익을 얻는 게 아니라 손해를 입게 될 것이다. 그러면 당신은 조각상 제작을 그만두게 될 것이다.

중요한 것은 당신이 단순히 손해를 보는 것이 아니다. 여기서 손해는 이익의 반대다. 그것은 당신이 세상을 더 나쁘게 만들고 있다는 것을 의미한다. 당신은 다른 사람들이 가치를 높게 평가하는 것을 전혀 가치를 두지 않는 것으로 변화시켰다. 당신은 가치를 창조한 게 아니라 파괴했다.

간단히 말해 이윤 또는 손실의 메커니즘은 사람들이 가치를 창조하도록 하는 데 필수적이다. 이윤은 다른 사람들을 위한 가치를 창조한 사람에게 보상한다. 손실은 가치를 파괴한 사람들을 처벌하는 것이다.

경제는 정보, 인센티브 및 학습 메커니즘을 필요로 한다는 점을 기억하라. 시장 경제에서 정보는 시장 가격을 통해 전달되는 반면, 손익은 사람들의 행동을 교정하고 시간이 지남에 따라 사람들이 더 잘 협력하도록 하는 학습 메커니즘의 역할을 한다. 그러나 이론적으로 경제는 정보, 인센티브 및 학습의 다른 메커니즘과 함께 작동할 수 있다.

예를 들어, 우리 집안에서 우리 가족은 서로가 서로를 필요로 한다. 우리는 사유 재산이 아니라 사랑으로 뭉쳤다. 우리는 서로의 행동을 교정하기 위해 사랑 또는 화난 말과 같은 사회적 보상과 처벌을 사용할 수 있지만 4인 가구 안에서 시장을 운영하지는 않는다.

그러나 그런 메커니즘은 73억 인구는 말할 것도 없고 1,000명의 규모에서도 작동하지 않는다. 우리가 아는 한 73억 인구의 경제를 조정하는 방법은 시장 가격이 아니면 없다.

어떤 현명한 사람, 또는 뛰어난 경제학자들로 구성된 위원회가 전체 경제를 계획할 수 있을까? 경제학자들은 20세기에 이런 건 효과가 없다는 것을 알아냈다. 전체 경제를 계획하는 일은 너무 복잡해서 소수가 할 수 없다. 명령 경제가 가격을 책정한다면, 이 가격은 어떤 것도 측정하지 않는다. 정부가 지정한 인위적인 가격은 희소성이나 수요에 대한 정보를 전달하지 못한다.

가격이 없다면 기획자들은 신뢰할 수 있는 경제적 계산을 수행할 수 없다. 가격 체계가 없다면 그들은 사과나 오렌지 중 어느 것을 재배하는 것이 더 생산적인지 확실하게 알 수 없다. 중앙 기획자들이 신발에 플라스틱이나 금속 장식을 달지, 금색이나 알루미늄 색 끈을 쓸지, 가죽이나 천을 사용할지를 어떻게 알 수 있을까? 전체 시스템에 있는 다른 생산 요소들의 양과 질에 대한 정확한 재고를 파악하고 있어야 하며, 지리를 알고 다른 장소를 활용할 가능성을 모두 열어두고, 모든 가능한 조합을 수행할 수 있어야 하는 것이다.

간단히 답하면, 사람들은 모른다. 그래서 명령 경제와 중앙 계획 경제가 제대로 작동하지 않았다. 소련을 비롯한 사회주의권 국가들도 여러 면에서 시장과 시장 가격에 의존해 결정을 내려야만 했다.

돈을 사랑하는 것이 합리적인 이유

돈이 우리에게 해줄 수 있는 것들을 조사해 보면, 더 큰 부를 원하는 것이 당연하다. 그러나 더 큰 부를 원하는 데는 좋은 형태와 나쁜 형태가 있다. 두 경우의 차이점을 생각해 보자.

1. 제프는 절대적으로 더 큰 부를 원한다.
2. 제프는 케이트보다 더 큰 부를 갖고 싶어 한다.

절대적으로 더 큰 부를 원하는 것은 좋은 일이다. 우리는 서로가 동시에 부자가 될 수 있다. 사실 우리는 지금 경제 발전에 따라 모두 동시에 부자가 되고 있다.

그러나 남들보다 더 큰 부를 원하는 것은 나쁘다. 현재보다 더 잘사는 것이 아니라 다른 사람들보다 더 잘사는 것이 목표이기 때문이다. 이런 종류의 욕망은 경쟁을 통해서만 충족될 수 있다. 우리 모두가 더 잘살고자 하는 욕망은 충족시킬 수 있지만, 우리 모두가 다른 사람들보다 더 잘살고자 하는 욕망은 충족시킬 수 없다. 부가 해줄 수 있는 것을 더는 즐기지 않고 경쟁을 위해 사용하면, 부는 더 이상 해방자가 아니라 갈등의 메커니즘으로 바뀌게 된다.

만약 제프가 케이트보다 더 큰 부를 갖기를 원한다면, 그는 케이트의 부가 그대로 있는 동안 더 많은 것을 얻어야 욕망을 충족시킬 수 있다. 하지만 자신의 부가 그대로 있는 동안 케이트가 모든 것을 잃는 경우에도 그는 행복할 것이다.

여기서 요점은 돈에 대한 욕망 중 어떤 것은 문제가 있다는 것이다. 무엇이 문제인지를 분명히 짚어 보자. 더 잘살고 싶은 욕망은 좋은 것이다. 하지만 다른 사람들보다 더 잘살고 싶은 욕망은 그렇지 않다.

사도 바울은 "돈에 대한 사랑이 모든 악의 근원"이라고 말했다. 경제학자들이 돈이 무엇이고 무슨 역할을 하는지 이해한 때로부터 1800년 전의 일이다.

지나친 탐욕이 우리의 영혼을 타락시킨다는 것은 의심할 여지 없이 옳다. 어떤 사람들은 돈을 더 얻기 위해 기꺼이 무엇이든 한다. "나는 무엇이든 할 것이다!"라고 말하는 순간, 돈을 위해서든, 명예를 위해서든, 사랑을 위해서든, 심지어 교회의 이익을 위해서든 간에 '악마'가 당신에게 깃들 수 있다. 당연히 그럴 수 있다.

하지만 바울이 놓치고 있는 것이 있다. 돈은 자유이다. 돈은 우리에게 평화, 안전, 기회, 여가, 더 의미 있는 일과 문화를 사준다. 사랑을 사줄 수는 없지만 사랑을 얻을 수 있는 기회를 준다.

돈은 매슬로우의 '욕구 단계'에서 아래 단계에 있는 것을 얻을 수 있도록 보장하며, 우리가 욕구 단계 중 더 높은 곳에 있는 가치를 향해 노력할 수 있게 해준다. 심지어 돈은 사람들을 하나로 묶는 필수적인 접착제이며, 우리가 거대한 규모로 함께 일할 수 있도록 해준다. 돈을 사랑하지 않을 이유가 무엇인가?

당신이 돈을 싫어하거나 심지어 돈에 무관심하다면, 돈이 하는 일을 이해하지 못하거나 반인간적인 가치관을 가졌기 때문이다. 돈에 대한 증오가 모든 악의 근원은 아닐지라도 그 증오는 잘못된 것이며 그 자체로 악이다.

지금까지 나는 돈을 사랑하는 것이 합리적이라고 주장해 왔다. 왜냐하면 돈은 가치가 있는 수많은 재화의 대용물이며 수단이기 때문이다. 그렇지만 어떤 사람들은 이러한 견해를 받아들이는 데 주저할 것이다. 그들은 돈이나 물질적 부가 우리의 인격을 어떤 식으로든 타락시키기 때문에 악하다고 생각한다. 다음 장에서 그들의 주장을 좀 더 자세히 살펴보자.

제**3**장

돈은 우리를 타락시키는가

앞 장에서 나는 돈에 대한 사랑은 지극히 합리적이라고 주장했다. 돈은 대중을 협력하게 한다. 돈은 우리에게 자유, 문화, 문해력, 안전, 여가, 평화를 가져다준다. 많은 위협과 위험으로부터 우리를 보호하고, 사랑과 우정을 쉽게 누릴 수 있게 해준다.

하지만 많은 독자가 여전히 돈에 더러운 것이 있다고 생각할 수도 있다. 그들의 불만은 이런 형태일 것이다.

1. 돈은 우리를 타락시킨다. 인간관계에 돈이 끼어들면 사람들을 더 나쁘고, 더 비열하고, 더 이기적으로 만든다.
2. 돈은 불순하고 불경스러운 의미를 지닌다. 어떤 것에 가격을 매기는 것은, 그 물건이 목적으로서의 가치가 아니라 도구적인 가치가 있음을 뜻하며 단지 소비를 위한 상품일 뿐이라는 것이다.

이 두 가지 불만이 사실이라면 돈과 물질적 부에 대해 불신을 갖는 것이 타당할 것이다. 하지만 면밀하게 연구해 보면 이런 불만은 오래가지 못한다.

하이파 탁아소 연구

돈이 사람을 부패하게 만든다는 견해를 갖는 이들은 1970년대의 연구를 즐겨 인용한다. 이 연구는 기존의 인간관계에 돈이 끼어들면 사람들을 부패시킬 수 있고, 사람들이 더 이기적으로 되며, 다른 사람들에게 끼치는 영향에 대해 신경을 덜 쓰게 된다는 것을 보여 준다.

1970년대 이스라엘 하이파의 일부 탁아소는 아이들을 늦게 데려가는 부모들이 너무 많아 문제였다. 당시 부모들은 아이를 늦게 픽업해도 경제적 처벌을 받지 않았다. 경제학자들은 경제적 처벌이 부모의 행동을 변화시킬지 알아보는 실험을 했다.

벌금을 도입하면 늦게 픽업하는 횟수가 줄어들 것이라고 예상할 수 있다. 벌금액이 많을수록 늦은 픽업 횟수는 적어질 것이다. 기본 미시경제학에서 배운 대로라면 가격이 비싸질수록 사람들의 수요는 줄어든다. 늦은 픽업의 가격이 0달러일 때 수요량이 하루에 10개라면 늦은 픽업의 가격이 시간당 1달러일 때의 수요량은 훨씬 적어야 한다.

그러나 스티븐 레빗Steven Levitt과 스티븐 더브너Stephen Dubner가 연구해 『괴짜 경제학Freakonomics』(2008)이라는 책에서 밝힌 결과에서 드러난 것은 그게 아니다. 처음에 경제학자들은 요즘 돈 가치로 10달러 미만의 소액 벌금을 도입했다. 그러자 놀랍게도 늦은 픽업의 수가 증가했다. 두 배 이상으로 증가했다. 그런데 벌금이 고통스러울 정도로 더 많이 부과되자 부모들은 규칙을 준수하기 시작했고 늦은 픽업은 결국 0에 가까워졌다. 벌금이 많이 부과될 때 부모들이 아이들을 일찍 데려간다는 것은 놀라운 일이 아니다. 놀라운 것은 따로 있다. 벌금이 없다가 적은 벌금이 부과되자 늦은 픽업의 수가 증가했다는 점이다.

정치 이론가 마이클 샌델Michael Sandel과 철학자 데브라 사츠Debra Satz는 이 실험이 돈을 인간관계에 도입하는 것이 사람의 성격과 관심사에 나쁜 영향을 미칠 수 있다는 강력한 증거라고 본다. 소액의 벌금제 도입이 늦은 픽업에 대한 부모들의 생각을 변화시켰다고 이들은 해석한다. 부모들은 벌금 부과 전에는 늦은 픽업을 도덕적 위반으로 간주했다. 그들은 불편을 끼친 탁아소 직원들에게 미안해했다. 그러나 벌금이 도입되자 부모들은 늦은 픽업을 도덕적 위반으로 보지 않게 됐다. 그들은 직원들에게 관심을 덜 가졌고 죄책감을 덜 느꼈다. 그들은 늦은 픽업을 단지 하나의 거래, 대가를 내면 받을 수 있는 서비스로 간주했다.

이런 해석으로 보면 소액의 벌금제 도입은 실제로 부모들이 내는 전체 비용을 줄어들게 한 것이 된다. 벌금이 0달러일 때 부모들은 정서적 죄책감이라는 비용을 냈다. 하지만 벌금제가 도입되자 소액의 벌금을 내면서 더는 죄책감을 느끼지 않게 되었다. 전체적으로 볼 때 늦은 픽업으로 인한 비용은 더 낮아졌고, 늦은 픽업에 대한 부모들의 '수요'는 더 늘어난 것이다.

그런데 이 실험은 너무 모호하다. 실험의 결과는 돈이 사람들을 타락시킨다는 것을 보여 주는 것이 아니다. 단지 소액의 벌금은 작은 잘못을 뜻한다는 것을 나타내는 것일 뿐이다.

돈을 개입시킨 여러 가지 게임과 실험들

마르크스주의 철학자 G. A. 코헨은 시장 기반 사회, 즉 낯선 사람들 사이의 경제 활동과 상호 작용이 돈과 이윤 때문에 유지되는 사회는 부패할 것이라고 주장했다. 시장은 사람들이 서로 협력하도록 유도하지만, 거기에는 두려움과 탐욕이 섞여 있다는 것이다.

사람들은 자신이 가진 것을 잃고 끔찍한 박탈감을 느끼게 되는 것을 두려워한다. 그들은 욕심도 많다. 사람들은 서로 협력하는데, 다른 사람들을 아끼거나 자신을 위해 봉사하려는 게 아니라 돈을 벌기 위해서다. 그래서 코헨은 경제가 돈으로 굴러가도록 하는 것은 사람들이 서로를 돈벌이 수단으로만 보도록 만들 것이라고 생각했다. 사람들이 서로에 대한 관심을 멈추고 이기적으로 될 것으로 보았다.

코헨 주장의 한 가지 문제점은 모든 것이 책상머리에서 만들어졌다는 것이다. 그는 돈이나 시장이 이런 부패 효과를 가져온다는 것을 보여 주는 실증적 증거를 제시하지도 않았고, 연구 결과를 인용하지도 않았다. 그저 상상력을 동원했을 뿐이다. 그는 사람들이 상호 관심과 사랑으로 서로 협력하는, 돈 없는 세상을 이상적인 사회로 그린다.

실제 상거래를 보면서 그는 상상한다. 거래를 하는 사람들이 동료 감정이나 상호 관심 없이 자기 자신만을 생각한다고 말이다. 그는 태어날 때부터 마르크스주의자로 자랐기 때문에 시장과 돈은 우리를 부패시키고 우리를 더 이기적으로 만든다는 부모의 주장을 받아들였다. 그러나 그런 상상은 증거가 되지 못한다.

다행히 시장이 사람들의 행동에 미치는 영향을 조사한 실험 경제학적 증거가 많다. 돈에 의해 매개되는 인간의 상호 작용이 우리의 행동과 태도에 어떤 영향을 미치는지에 대한 훌륭한 증거들이다.

경제학자들은 피실험자들이 다양한 방식으로 상호 작용할 수 있도록 특별히 고안된 게임들을 만들었다. 때로는 한 달 치 월급에 해당하는 많은 돈을 실험에 내걸었다. 경제 실험 게임에서 타당한 결과를 얻기 위해 모든 피실험자는 규칙을 배우고 게임 내용을 이해했다고 입증해야 한다. 일반적으로 피실험자들은 게임 밖에서 서로를 보거나 상호 작용하면 안 된다. 그들은 심지어 현실과 반대되는 역할을 할 수도 있다. 경제학자들이 인센티브를 통제할 수 있게 하려면 이런 게 중요하다. 피실험자들은 게임을 할 때 어떤 방식으로든 외부적이거나 추가적인 인센티브를 얻지 못한다.

이 점을 염두에 두고 게임의 몇 가지 사례를 살펴보자.

신뢰 게임the Trust Game은 플레이어들이 서로를 신뢰하는지와 다른 플레이어들이 신뢰할 만한 가치가 있다고 여기는지를 확인하기 위해 고안되었다. 첫 번째 플레이어는 고정된 금액, 예를 들어 10달러를 받는다. 그는 자신의 돈 중 일부를 두 번째 플레이어에게 줄 수 있다. 그가 주는 금액에 3이 곱해진다. 만약 첫 번째 플레이어가 10달러를 모두 준다면 두 번째 플레이어는 30달러를 받게 된다. 두 번째 플레이어는 그가 원하는 만큼 첫 번째 플레이어에게 돌려줄 수도 있고 전액을 혼자 가질 수도 있다. 이 실험에 관한 질문은 이것이다. '첫 번째 플레이어는 자신이 달러를 주면 두 번째 플레이어가 자신에게 돌려줄 것을 기대할 만큼 그를 신뢰할까?' '두 번째 플레이어는 돈을 받으면 첫 번째 플레이어의 신뢰에 보답할까, 아니면 자신의 이익을 취할까?'

독재자 게임the Dictator Game은 사람들이 보상받을 희망이 없을 때도 낯선 사람들에게 무조건 관대해지는지 보기 위해 고안되었다. 서로를 보거나 알지 못하는 두 명이 피실험자로 선정된다. 무작위로 독재자 역할을 맡은 한 명은 현금을 받는다. 그는 두 번째 플레이어와 얼마를 나눠 가질 수도 있고, 모두 혼자 가질 수도 있다. 질문은 이렇다. '독재자가 두 번째 플레이어와 공유할 것인가, 아니면 완전히 이기적으로 나올 것인가?'

최후통첩 게임the Ultimatum Game은 사람들이 공정성에 따라 행동할 것인지, 그리고 부당한 행동을 처벌하기 위해 개인적인 비용을 기꺼이 부담할 것인지를 알아보기 위한 것이다. 이 게임에서 한 명의 플레이어는 제안자proposer의 역할을 맡고 다른 플레이어는 응답자respondent가 된다. 제안자는 일정 금액, 예컨대 50달러를 받는다. 그는 응답자에게 나눠 갖기를 제안해야 한다. 50달러를 받은 그는 응답자에게 아무것도 주지 않거나 25달러 대 25달러로 나누거나 다른 분할을 제안할 수 있다. 응답자는 제안을 수락하거나 거절한다. 응답자가 수락하면, 제안한 대로 돈을 나눈다. 만약 응답자가 제안을 거절하면, 둘 다 아무것도 얻지 못한다. 질문은 이렇다. '돈을 벌기 위해 아무것도 하지 않은 제안자가 정당한 금

액의 분할을 제안할 것인가?'

다른 행동을 테스트하는 게임들도 있다. 어떤 게임들은 플레이어들이 서로 협력하거나 속일 것인지를 테스트한다. 어떤 게임들은 플레이어들이 공동의 이익에 기여할 것인지, 아니면 무임승차할 것인지를 테스트한다. 어떤 게임들은 플레이어들이 공동의 자원을 보존할 것인지 혹은 그것을 과도하게 소비할 것인지를 테스트한다.

경제학자들은 어떤 요인이 신뢰성, 협동성, 공정성 등을 유발하는지 또는 약화하는지를 알아내기 위해 전 세계에서 때로는 아주 많은 돈을 걸고 이런 게임을 해왔다. 그런데 코헨이나 샌델, 또는 시장과 돈을 의심하는 사람들이 생각하는 것과는 반대로 그 결과는 놀라운 것이었다.

조지프 헨리히Joseph Henrich와 그의 동료들은 연구 결과를 이렇게 요약한다.

> 경제 조직의 차이와 시장 통합의 정도가 사회 전반에 걸친 행동 변화의 상당한 부분을 설명한다. 즉, 시장 통합의 정도가 높을수록, 그리고 협력에 대한 보상이 높을수록 실험 게임에서 협력의 수준이 더 커진다.

이기심은 비시장 사회에 많이 존재한다. 낯선 사람들과 자주 그리고 일상적으로 교류하고 이익을 추구하기 위한 협력이 돈에 의해 중개되는 사회에서의 사람들은 공정하고, 착하고, 관대하고, 협력적이다. 그들은 무임승차를 피하는 경향이 있고, 부정행위를 덜 하며, 불공정한 행동을 처벌하기 위해 기꺼이 개인적인 희생을 감수한다. 일반적으로 시장 기반 경제의 사람들은 비시장 사회의 사람들보다 낯선 사람들과 공감하고 더 강한 공정성을 보여 주는 것 같다.

경제학자 허버트 긴티스Herbert Gintis는 다음과 같이 설명한다.

> 종교적이고 생활적인 관용, 양성평등, 민주주의를 위한 활동이 번성
> 하고 승리한 곳은 다른 어떤 곳도 아니고 시장 교환에 의해 지배되
> 는 사회였다. 아프리카, 중남미, 아시아의 단순한 사회, 즉 수렵 채
> 집꾼, 원예가, 유목 목축민, 소규모 농업인으로 이루어진 사회의 공
> 정성에 대한 연구에서 시장과 도덕성과의 관계에 대한 긍정적인 증
> 거를 발견했다.
> 12명의 전문 인류학자와 경제학자들은 이들 사회를 방문해 현지인
> 들과 최후통첩 게임, 공공재 게임, 신뢰 게임을 실시했다. 선진 산업
> 사회에서와 마찬가지로 이들 사회의 구성원들도 공정성과 호혜성을
> 달성하기 위해 금전적 이득을 희생하는 도덕적 동기와 의지를 보여
> 주었다. 더욱 흥미로운 것은 사회별로 시장 노출 정도와 생산 협력
> 정도를 측정한 결과, 정기적으로 더 큰 주변 집단과 시장 교환을 하
> 는 사회일수록 공정성 동기가 뚜렷하다는 점이었다. 시장 경제가 사
> 람들을 탐욕스럽고 이기적이며 비도덕적으로 만든다는 개념은 그
> 야말로 거짓이다.

이미 밝혀진 대로, 참가자들이 낯선 사람들과 공정하게 게임을 하도록
하는 가장 강력한 문화적 요인은 그들의 사회가 얼마나 시장 지향적인가
하는 것이다. 실제로 시장 사회는 여러 정치 제도 가운데 가장 관대하고
부패가 적다는 강력한 증거가 있다.

다른 연구들을 살펴보자. 당신은 경쟁적인 시장이라면 무참한 약육강

식이 벌어지는 곳으로 생각할 수 있다. 그러나 경제학자 패트릭 프랑수아Patrick Francois와 탕가이 반 이페르셀Tanguy van Ypersele은 한 연구에서 시장이 더 경쟁적일수록 사람들이 서로에 대해 오히려 더 많은 신뢰를 가진다는 것을 발견했다. 비경제학자들에게는 놀라울 수도 있지만 경제학자들에게 이것은 그리 놀라운 것이 아니다. 시장이 경쟁적일수록 어떤 사람이 다른 사람들을 밀어부치거나 서로에게 부당한 영향력을 행사하는 게 더 적어진다. 그들은 공정하게 행동하도록 만들어진다.

최근 댄 애리얼리Dan Ariely와 그의 동료들은 사람들의 부정행위에 대한 공산주의와 자본주의의 잔여 효과를 연구했다. 그들은 비슷한 사회경제적 배경을 가진 독일 베를린 거주 시민 여럿을 모집했다. 어떤 사람들은 사회주의 동독 출신 가족이 있었고, 다른 사람들은 자본주의 서독 출신이었다. 연구 결과 동독 출신의 부모에 의해 자랐거나 함께 살았던 사람들이 서독 출신보다 상당히 높은 비율로 거짓말을 하고 부정행위를 한다는 것이 발견됐다.

이와 관련해 심리학자 폴 잭Paul Zak과 경제학자 스티븐 닉Stephen Knack은 시장 지향적인 사회는 높은 신뢰를 받고, 비시장적인 사회는 낮은 신뢰를 받는 경향이 있다는 것을 발견했다.

모든 사회에서 그 사회에 속한 사람들이 경제학자들이 '일반화된 사회적 신뢰generalized social trust'라고 부르는 것을 보여 주는가 하는 것은 주요한 질문 중 하나이다. 일반화된 사회적 신뢰는 낯선 사람들이 각자 자신의 역할을 다하고, 약속을 지키고, 계약을 제때 이행하고, 정직하게 표현하고, 훔치거나 다른 사람들을 이용하는 것을 피할 것으로 기대하는 것을 말한다. 낯선 사람이란 예를 들어 웨이터, 자동차 정비사, 변호사, 또는 그들과 거래하는 다른 사람들을 포함한다.

사회마다 각기 다른 수준의 일반화된 사회적 신뢰가 있는 것으로 밝혀졌다. 뉴질랜드는 베네수엘라나 러시아보다 훨씬 더 높은 수준의 일반화된 사회적 신뢰를 가진다. 많은 문화적, 역사적, 인구학적, 제도적 요인들은 일반화된 사회적 신뢰에 영향을 미친다.

특히 경제의 시장 지향적인 수준과 일반화된 사회적 신뢰의 수준 간에는 매우 강한 상관관계가 있는 것으로 밝혀졌다. 단순한 상관관계라기보다 하나가 원인이고 다른 하나가 결과가 되는 인과관계인 것 같다. 국가가 경제적으로 더 자유로워지면 더 높은 수준의 신뢰를 발전시키는 경향이 있다는 것이다.

낯선 사람들과의 상호 작용이 돈에 의해 매개되고 이윤 추구에 의해 동기부여가 되는 사회에서는 낯선 사람들이 서로 신뢰하고 서로의 도덕에 대해 높은 존경심을 가지고 있다.

철학자들은 돈이 불경스러우면서도 실용적인 의미를 갖는다고 생각하는 경향이 있다. 그들은 돈이 우리를 이기적인 방식으로 행동하도록 유도하는 것으로 추정한다. 반대로 경제학자 오마르 알 우바이들리Omar Al-Ubaydli, 다니엘 하우저Daniel Houser 등은 실험에서 시장, 돈, 무역과 관련된 단어로 사람들을 자극하면 그들이 더 많이 믿고 신뢰하며 공정해진다는 것을 보여 주었다. 하지만 여러 철학자는 시장적인 사고방식을 도입하거나 돈과 이익의 개념을 떠올리게 하면 사람들이 친사회적인 태도에서 더 이기적인 행동으로 전환해 사고방식을 바꾸게 될 것이라고 주장했다.

알 우바이들리와 그의 동료들은 사람들이 다양한 도덕적 성향을 드러내게 하는 여러 가지 실험 경제 게임을 진행했다. 그 결과 시장 지향적인 개념을 생각하도록 한 실험 집단이 그렇지 않은 통제 집단보다 더 훌륭하게 행동하고 친사회적인 방식으로 행동한다는 것을 알아냈다. 즉, 시장의 사고방식으로 끌어들일 때 사람들은 더 착해진다.

경제학자 미첼 호프먼Mitchell Hoffman과 존 모건John Morgan은 모두의 예상과 달리 '도메인 거래와 성인 오락(포르노그래피)이라는 두 가지 살벌한 인터넷 업계에서 성인들은 대학생들보다 더 친사회적'이라며 '그들은 더 이타적이고, 신뢰하고, 신뢰할 만하며, 거짓말을 싫어한다'고 분석했다. 많은 경제학자와 철학자들은 살벌하고 비열한 사람들만이 그 업계에서 일할 것이라고 가정했지만 사실은 그렇지 않았던 것이다.

가브리엘레 캐머러Gabriele Camera와 동료들의 최근 연구에서는 조금 모호한 결과가 발견되었다. 영국의 BBC 방송은 '돈이 집단에 대한 신뢰를 감소시킬 수 있다'는 것을 연구자들이 발견했다고 보도했다. 그러나 그렇게 요약하는 것은 오해를 불러일으킬 수 있다.

캐머러와 그의 동료들은 일련의 실험적인 게임을 했다. 실험 대상자들은 협력하거나 협력하지 않을 수 있고, 협력할 때 관대하거나 이기적인 것을 선택할 수 있다. 연구 결과 발견된 것은 BBC의 보도처럼 작은 집단에 돈을 도입하면 플레이어들을 더 이기적이고 덜 협력적으로 만든다는 점이었다. 그러나 함께 확인된 것은 큰 집단에 돈을 도입하면 플레이어들을 덜 이기적이고 더 협력적으로 만든다는 점이었다.

아마도 절반의 부정적인 실험 내용은 그다지 놀랍지 않을 것이다. 서양 문화에서는 돈을 인간미가 없는 것으로 간주한다. 따라서 돈을 작은 규모의 관계에 도입하는 것은 소원함을 의미한다. 만약 여러분이 돈을 작은 규모의 관계에 도입한다면, 여러분은 도구적인 관계를 맺으려는 의도를 나타내는 것이다. 하지만 대규모의 지역 사회와 낯선 사람들 사이에 돈을 도입하는 것은 신뢰를 가능하게 한다. 그것은 협력과 공정함을 추구하려는 의지의 표시이다.

1970년대에 사회학자 리차드 티트머스Richard Titmuss는 특정한 삶의 영역에 돈과 재정적 인센티브를 도입하는 것은 엄청난 부패 효과를 가져올 것이라고 주장했다. 그는 헌혈의 대가로 돈을 주는 것은 자발적인 헌혈자의 수를 감소시키고 기부된 혈액의 질을 떨어뜨리는 결과를 가져올 것이라고 주장했다. 기부를 받기 위해 돈을 제공하는 것은 우리의 이타적인 동기, 즉 어려운 사람들을 돕고자 하는 욕망을 이기적인 금전적 동기로 대체하도록 유도할 것이라는 주장이다.

이런 상황에서는, 혈액의 가격이 매우 높지 않다면 기부하는 사람은 거의 없을 것이라고 그는 주장했다. 게다가 재정적 인센티브는 알코올 중독자, 노숙자, 극도로 가난한 사람들과 같은 가장 건강하지 않은 사람들만 혈액을 팔게 하고, 따라서 질 좋은 혈액의 공급이 감소하게 될 것이라고 주장했다.

그러나 티트머스의 연구는 과학적 절차를 적절히 따르지 않았다. 그는 통제되지 않은 실험들과 비과학적인 조사들의 데이터를 사용했다. 최근 연구자 니콜라 라세테라Nicola Lacetera와 마리오 마키스Mario Macis, 그리고 로버트 슬로님Robert Slonim은 돈이나 다른 인센티브가 헌혈에 어떤 영향을 미치는지를 보기 위해 일련의 과학적 실험을 했다. 그들은 기프트 카드와 같은 경제적 인센티브가 헌혈을 증가시킨다는 것과 헌혈의 질에 영향을 미치지 않는다는 것을 발견했다. 티트머스의 연구와는 반대의 결과였다.

보다 최근에 윌리엄 잉글리시William English와 피터 자워스키Peter Jaworski는 미국의 거의 모든 유료 혈장 클리닉에 대한 대규모 데이터 세트에 접근했다. 이 데이터는 클리닉의 위치뿐만 아니라 10년 이상에 걸쳐

월별로 얼마나 많은 혈장이 유료로 수집되었는지를 보여 주었다. 이들은 이 데이터를 사용해 유료 혈장이 전체적으로 혈액의 공급을 증가시키는 것뿐만 아니라, 이타적인 동기가 여전히 혈액 공급의 중요한 이유라는 점을 증명할 수 있었다.

티트머스에게는 미안하지만, 혈액은 낮은 품질이 아니라 더 높은 품질의 공급원에서 왔다는 것이 드러났다. 더 흥미로운 것도 있다. 어느 유료 혈장 클리닉이 한 지역에 들어와 장기적, 또는 단기적으로 유료 혈장 광고를 하면 더 많은 사람이 적십자사와 다른 곳에서 무료로 헌혈하도록 유도한다는 점을 밝혀낸 것이다. 혈장을 유료로 기부받으면 전체적으로 혈액의 공급을 증가시킬 뿐만 아니라 혈액 기증도 증가시킨다.

이런 연구 결과들은 일반화가 가능할 것 같다. 심리학자 주디 캐머런 Judy Cameron은 최근 외부의 보상을 받은 피험자와 보상을 받지 않은 피험자를 비교하는 96개의 실험 연구를 분석했다. 그녀는 일반적으로 어떤 일을 수행한 데 대한 보상이 사람들의 일 수행에 대한 내재적인 동기를 없애지 않는다는 것을 발견했다. 보상은 이기적인 동기부여를 추가할 수 있지만 다른 동기를 없애거나 대체하지는 않는다는 것이다.

돈의 의미에 대한 추측

경험적 증거로 볼 때, 우리의 관계에 돈을 개입시켜도 고귀한 동기나 이타적 동기를 없애지는 않는다. 오히려 돈이 강하게 매개하는 사회의 사람들은 다른 사람들보다 더 많은 미덕을 보이는 경향이 있다. 그렇다면 왜 돈과 물질이 우리를 부패시킬 것이라고 많은 사람들이 가정하는 걸까?

한 가지 이유는 서양인들이 돈에 부과하는 독특한 의미와 관련이 있다고 생각된다. 제1장에서 언급했듯이 서양인들은 '돈은 평범하고, 일상적이고, 비인격적이고, 중립적이며, 단지 정량적인 의미만을 가진 불경스러운 것'이라고 본다. 돈은 본래 비인격적이고, 일시적이고, 비도덕적이고, 계산적인 '경제적인' 관계의 영역을 나타낸다는 것이다.

이러한 돈에 대한 관점이 보편적이지 않다는 것에 주목할 필요가 있다. 오늘날 미국 문화에서 생일에 현금 선물을 주면 생각이 부족한 것으로 보일 수 있다. 사랑하는 사람의 취향을 알고 있다는 신호를 보내기 위해 그들이 좋아하는 물건을 예상할 수 있어야 한다는 것이다.

사회학자 비비아나 젤라이저Viviana Zelizer의 돈과 교환의 의미에 관한 여러 책에 실린 연구는 돈에 대한 모독이 보편적인 게 아니라 오히려 특정한 시기의 고유한 서양 문화의 특수성이라는 것을 보여 준다. 샌델이나 다른 비평가들의 주장과 달리, 젤라이저는 한 연구에서 다른 시대의 다른 문화들이 그런 의미를 돈이나 시장에 전가하지 않았던 많은 사례를 발견했다.

사회학자 모리스 블로흐Maurice Bloch와 조나단 패리Jonathan Parry는 이렇게 말하며 공감을 표시한다.

> 사람들이 돈을 본질적으로 비인간적이고, 일시적이고, 비도덕적이고, 계산적인 것으로 이해한다는 것이 문제인 것 같다. 따라서 인간적이고, 지속적이고, 도덕적이고, 이타적인 관계를 표현하는 선물로 돈을 주는 것은 매우 어색한 점이 있다.
> 이러한 어색함은 돈의 '자연적인' 환경인 경제가 일반적인 도덕적 계율이 적용되지 않는 자율적인 영역으로 구성되어 있다는 데에서 비롯된다. 경제가 별도의 비도덕적인 영역으로 여겨지지 않고 사회에 '내재되어' 있는 곳에서는 화폐 관계가 친족 간, 친구 간의 유대와 반대되는 것으로 표현될 가능성이 거의 없다. 그러한 유대를 굳건히 하기 위해 돈을 선물하는 것은 부적절한 게 아니다.

블로흐와 패리는 젤라이저처럼 돈과 시장이 어디서나 같은 의미를 갖는 건 아니라고 결론짓는다. 다만 서양인에게 상품화가 매우 혐오스러워 보이는 이유는 교환과 돈의 영역을 '별도의 비도덕적인 영역'으로 여기는 경향이 있기 때문이다. 블로흐, 패리, 그리고 젤라이저는 서양인들이 이 것을 오직 돈에 있어서만 자연적이거나 본질적인 사실이라고 착각한다고 말한다. 사실 그것은 서양인들이 돈에 갖다 붙인 의미일 뿐이다.

예를 들어, 마다가스카르의 메리나Merina족과 같은 일부 문화권에서는 남편이 아내에게 섹스 후에 돈을 주는 것이 일반적이다. 이것은 가부장제 를 의미한다거나 남편이 아내에게 돈을 내고 섹스를 사는 것을 의미한다 기보다는 아내의 생식력에 대한 존중을 의미한다. 그것은 커피를 사는 것 과 비슷한 게 아니라 기도하는 것에 가깝다.

메리나족에게 이것은 문제가 없다. 왜냐하면 그들은 돈에 비열한 의미 를 부여하지 않기 때문이다. 여러분이 보기에는 불쾌하고 이상할 텐데, 그 이유는 여러분이 돈에 대해 다른 관념을 갖고 있기 때문이다. 여러분 은 메리나족의 행동에 그런 관념을 부여하겠지만 그들은 그러지 않는다.

블로흐와 패리는 일반적으로 서양인들이 사고팔기 싫어하는 것을 다 른 문화권의 사람들은 사고파는 사례가 있다고 주장한다. 하지만 그 문 화권의 사람들이 사고파는 것은 서양인들과 매우 다른 의미가 있다.

일부 문화권에서는 돈을 선물하는 것이 비인격적인 것으로 여겨지지 않는다. 유대인들은 성인식Bar and Bat Mitzvahs 때, 중국인들은 춘절에 그 렇게 한다. 서양에서도 한때는 그렇게 했다. 1800년대 후반 미국에서는 현금 선물을 주는 것이 지금과 달리 대단히 사려 깊은 것으로 여겨졌다. (아마도 부유한 사회에서 돈을 덜 사려 깊게 본 것은 돈을 얻기가 매우 쉽기 때문 일 것이다. 시간이 돈보다 더 귀해지면 시간을 들여 다른 사람의 선호를 파악하는 것이 더 강한 관심의 표현이 된다.)

젤라이저는 『귀중한 아이의 가격 책정Pricing the Priceless Child』(1994)이 라는 책에서 이런 주장을 한다. 생명 보험과 불법 행위에 대한 법률의 발달로 인해 오늘날 서양인들이 자신의 아이들이 신성한 가치를 가졌다고 여기게 되었다고 말이다. 19세기 후반, 아이들은 농장이나 공장에서 일을 덜 하기 시작했다. 그들은 부모들에게 더는 경제적 자산이 되지 않았고 경제적 부담이 되기 시작했다. 그렇다면 법원은 부당한 사망 사건에서 아이의 생명에 어떤 값을 매길 것인가? 생명 보험 회사는 그들의 죽음에 어떻게 대처할 것인가?

젤라이저가 상세히 기록한 바와 같이, 사람들은 아이들의 생명에 가격을 매기면서 아이들을 '아주 귀중하고 값을 매길 수 없다priceless'고 생각하기 시작했다. 아이들이 어른들에게는 없는 특별한 가치가 있다고 본 것이다. 우리가 오늘날 아이들에 대해 가지고 있는 태도(어떤 면에서는 신성한 것으로 간주)는 아이들을 경제적 자산으로 보지 않고 가격을 매기려고 노력한 결과이다. 사람들의 기대와 달리, 물건에 가격을 매기는 일은 그 물건을 때때로 '귀중하다'고 보게 만든다.

돈과 물질이 부패를 불러온다고 생각하는 한 가지 이유는 돈에 대한 특정한 의미를 대부분의 사람들이 비판 없이 받아들였기 때문이다. 하지만 그 의미는 사회적인 구성물이고 서양인들이 돈에 부여하는 허구일 뿐, 돈 자체에 들어 있는 것이 아니다. 모든 사람이 그 의미를 공유하는 것도 아니다. (나도 그렇다.) 여러분은 공유할 필요는 없고 그 의미를 거부할 수도 있다.

하지만 적어도 돈이 본질적으로 사악하므로 사람들을 부패시킬 것이라는 가정은 하지 말아야 한다. 다시 말하지만, 그 사악함은 여러분의 머릿속에 있는 것이지 돈 속에 있는 게 아니다.

모든 것의 가격과 모든 것의 가치

경험적 증거로 볼 때, 돈이 부패를 불러온다는 근거는 없다. 오히려 사람의 성격을 개선하는 효과가 있다는 것을 보여 준다. 철학자들을 포함해 많은 사람들이 이것은 요지를 벗어난 주장이라고 대꾸할 수도 있다. 어떤 사람들은 이윤을 얻고자 하는 욕망 자체가 본질적으로 부패한 것이라고 생각한다. 나는 다음 장에서 그런 견해에 대해 응답하겠다.

어떤 사람들은 사물에 가격을 붙이는 것은 본질적으로 사물이 내재적 가치를 가지고 있다는 의미라고 생각한다. 예컨대 엘리자베스 앤더슨Elizabeth Anderson, 마가렛 제인 라딘Margaret Jane Radin, 벤자민 바버Benjamin Barber, 마이클 샌델 등과 같은 철학자와 정치 이론가들이다. 이들은 어떤 것에 가격을 매긴다는 것은 그 물건이 도구적 가치를 가지고 있다는 것, 그 가치는 우리의 욕구를 충족시키는 능력으로 구성된다는 것, 그것이 같은 가격의 다른 것과 손실 없이 대체될 수 있어야 한다는 것을 의미한다고 주장한다.

그들의 주장에 따르면, 만약 껌 한 통이 1달러의 가치가 있다면 그것은 1달러 지폐의 가치와 맞먹는다는 것이다. 하지만 1달러 지폐는 그 자체로는 가치가 없다. 1달러 지폐는 단지 다른 것들을 얻기 위한, 우리의 욕구를 충족시키기 위한 도구일 뿐이다. 따라서 껌 한 통에 1달러의 가치가 있다고 말하는 것은, 그것이 대체 가능한 도구적인 가치만 있다고 말하는 것과 같다.

그들은 껌 한 통은 그렇다고 치고, 어떤 것들은 금전적인 가격으로 표현할 수 없는 가치를 가지고 있다고 주장한다. 예를 들어, 많은 사람이 인간의 생명은 신성한 가치를 가지고 있지만 돈은 그렇지 않다고 생각한다. 인간은 목적 그 자체이지만 돈은 그렇지 않다는 것이다. 따라서 우리가 인간의 생명에 가격을 매긴다면, 그것은 진정한 가치를 존중하지 못하는 것이라고 폄하한다.

예를 들어 미국 정부가 어떤 안전 규제에 대해 고민한다고 해보자. 그러면 규제에 따른 비용과 인간의 생명을 구하는 가치를 비교하게 된다. 일반적으로 미국 정부는 한 생명에 750만 달러의 가치를 부여하고 있다. 하지만 어떤 철학자들은 인간의 생명에는 그 어떤 가치도 부여할 수 없다며 주저한다. 그렇다면 미국 정부는 인간의 생명이 돈과 똑같은 종류의 가치를 가지고 있다고 표현하는 것인가? 더 나쁘게 말하면 한 인간의 생명이 껌 750만 통과 같은 종류의 가치를 가지고 있다는 것인가?

두 질문 모두에 대한 답은 '아니오'이다. 사실 이러한 반대는 경제학의 가격과 효용 이론에 대한 심각한 오해에서 나온다. 그 이유를 설명하기 위해 기술적인 부분이 필요하다.

내가 '합리적 랜디'라고 부르는 사람을 생각해 보라. 완전히 이성적인 경제 활동가인 랜디는 경제학자들이 말하는 효용 함수를 가지고 있다. 그의 선호도와 가치관에 비추어 우리는 모든 가능한 상황을 최상의 것에서 최악의 것까지 순위를 매길 수 있다. 동점은 허용된다. 랜디가 A와 B 사이에 무차별적이라면, A와 B는 그의 효용 함수에서 같은 위치를 차지하게 된다.

지금까지는 어떤 것들이 내재적 가치를 가지고 있다고 생각해도 괜찮았다. 나는 아내와 강아지가 모두 내재적 가치를 가지고 있다고 생각하지만, 강아지보다 아내를 구하는 것을 먼저 선택할 것이다. 나는 20세기 현대미술의 거장 파블로 피카소Pablo Picasso의 게르니카Guernica 그림과 아이들이 준 마지막 아버지의 날 카드는 모두 내재적 가치를 가지고 있다고 생각하지만, 위기의 순간에는 게르니카를 구하는 것을 선택할 것이다.

랜디가 효용 함수를 가지고 있다고 말하는 것은 랜디가 모든 가치가 '효용'이라는 하나의 공통분모로 감소한다고 생각한다는 의미는 아니다. 모든 사물이 오직 효용이라는 한 종류의 가치만 가지고 있다고 말하는 것도 아니다. 랜디는 여러 종류의 가치가 있다는 것을 인식할 수 있다. 경제학자에게 효용은 모든 사물이 가지고 있는 근본적인 가치가 아니다. 효용은 경제학자들이 랜디 같은 소비자의 가치 평가에 따라 그의 선호 순위를 나타내는 방식일 뿐이다.

랜디가 올바른 도덕적 선호도를 모두 가지고 있다고 생각해도 좋다. 이것은 그가 효용 함수를 가지고 있는 것과 양립할 수 있다. 만약 도덕적 관점에서 A가 B보다 우수하거나 더 선호된다면, 랜디는 그것을 선택할 것이다. 도덕적 관점에서 A와 B 중에서 선택할 방법이 없다면, 랜디는 그것들 간에 무차별적일 것이고 그것들은 그의 효용 곡선에서 같은 점에 표시될 것이다.

가격과 돈에 대해 비판하는 사람들은 대부분 내가 지금까지 말한 것들에 대해 이해한다. 그들은 랜디가 모든 상황을 더 나은 것에서 나쁜 것으로 단순하게 순위를 매기는 방식의 서수적ordinal 효용 함수를 갖고 있다는 것을 인정한다. 서수적 효용 함수는 단순히 사물의 순위를 매기는 것이다. 최고, 두 번째 최고, 세 번째 최고라고 하는 식이다. 철학자들의 도덕론이 해야 할 일의 일부는 도덕적 관점에서 상황을 더 나은 것 혹은 나쁜 것으로 순위를 매기고 평가하는 방법을 알려 주는 것이다.

하지만 경제학자들은 여기서 그치지 않는다. 그들은 랜디가 서수적 효용 함수뿐만 아니라 기수적cardinal 효용 함수도 가지고 있다고 생각한다. 기수적 효용 함수는 서수적 효용 함수에서 더 나아가 각 선택에 어떤 공통적인 척도로 정확한 숫자를 부여한 것이다. 기수적 효용 함수는 A의 값은 10.37534983, B의 값은 8.43439999, C의 값은 2.4라는 식으로 표시할 수 있다.

앞서 언급한 많은 도덕 이론가들은 가격을 붙인 기수적 효용 함수에 어떤 식으로든 물건을 연결 짓는 것은 본질적인 가치를 갖는 물건과는 양립할 수 없다면서 이렇게 우려한다. "모든 것은 가격과 같은 가치를 갖는다고 말하는 것은 모든 것의 가치는 단지 화폐 가격이라고 말하는 게 아닌가? 모든 것을 이 정확한 척도로 평가한다는 것은 모든 것이 한 종류의 가치나 효용만을 갖는다고 말하는 게 아닌가?"

다시 말하자면 답은 '아니오'이다. 1940년대에 조나단 폰 노이만Jonathan von Neumann과 오스카르 모르겐슈테른Oskar Morgenstern은 이와 반대되는 수학적 증명을 제시했다. 그들은 합리적인 사람들이 복권에 어떻게 반응하고 위험에 어떻게 대처하는지에 대한 몇 가지 기본적인 공리를 받아들인다면 (예를 들어, 합리적인 사람들은 나쁜 상품보다 좋은 상품을 선호한다는 것) 어떤 서수적 효용 함수도 수학적으로 기수적 효용 함수로 변환할 수 있다는 것을 보여 주었다.

즉, A) 랜디가 모든 가능한 상태들에 대한 순위와 B) 랜디가 복권 중에서 선택하는 합리적인 방법이 주어지면, 우리는 C) 모든 값들이 기수적 수치 척도로 표현될 수 있는 새로운 효용 함수를 생성한다. 랜디가 돈에 가치를 부여한다면, 우리는 기수적 척도들을 화폐적인 척도로 바꿔 표현할 수 있을 것이다. 이성적인 대리인이 갖는 모든 가능한 균형의 집합은 수치로 나타내는 연속적인 효용 척도 상에서 화폐로 표현할 수 있는 것으로 드러났다. 그 대리인이 이기적이든 이타적이든, 비도덕적이든 도덕적이든, 가치 일원론자이든 다원론자이든, 칸트주의자든 공리주의자든 상관없다.

다시 강조하지만, 대리인이 정말로 중요하게 생각하는 것은 효용, 돈, 또는 자기만족뿐이라고 말하는 게 아니다. 대리인의 가치를 한 가지 척도로 정확하게 표현할 수 있다고 말하려는 것일 뿐이다. 이런 말은 도구적 가치 이상의 것을 갖기 위해 어떤 것을 보유하는 것, 또는 모든 것이 돈으로 대체될 수 있는 건 아니라는 것, 또는 가치에는 여러 가지가 있다는 것 등과 양립할 수 있다. 경제학자들은 이런 것을 모두 받아들일 수 있다.

나는 이 모든 것이 매우 추상적이라는 것을 알고 있다. 철학자들이 제기하는 추상적인 불만에 대해 나는 그들의 불만이 경제 이론에 대한 오해, 혹은 적어도 더는 쓸모없는 이해에 기반하고 있다는 점을 지적하며 답변하는 것이다.

이번에는 덜 추상적인 방식으로 해보자. 철학자들은 사물들이 가질 수 있는 최소한 두 종류의 가치가 있다고 주장한다. 어떤 것이 본질적으로 가치 있다고 말하는 것은 그것이 그 자체로 목적으로서의 가치가 있다고 말하는 것이다. 예를 들어, 행복은 그 자체로 목적이다. 어떤 것이 도구적으로 가치 있다고 말하는 것은 그것이 다른 것을 얻기 위한 수단으로서 가치가 있다고 말하는 것이다. 돈은 도구적으로 가치가 있지만 그 자체로 목적은 아니다. (어떤 것들은 두 종류의 가치를 모두 가지고 있다. 스타벅스 바리스타는 그 자체로 목적이기도 하고 좋은 커피를 얻기 위한 수단으로서도 유용하다.)

철학자들은 어떤 것에 가격을 매기는 것이 그것이 가지고 있는 가치의 등급을 떨어뜨린다고 불평한다. 어떤 것들은 내재적인 가치가 있으며 그것에 가격을 매기는 것은 수단적인 가치가 있는 것과 같다는 것이다.

경제학자들은 동의하지 않는다. 그들은 이것이 화폐가 하는 일과 가격이라는 방식으로 선택을 표시하는 것의 의미를 잘못 이해한 것이라고 말한다. 화폐는 우리가 만들어야 하는 균형을 나타내는 방법이다. 그것은 여러분이 다른 것 대신에 어떤 것을 선택할 때 포기해야 하는 것을 명확하게 나타내는 방법이다. 그게 전부다.

어떤 것에 가격을 매긴다는 것은 누군가가 그 물건에 어떻게 가치를 부여하는지를 말해 주지 않는다. 나는 10만 달러가 도구적인 가치와 10만 달러의 가치가 있는 것으로 생각한다. 나는 아내와 결혼 15주년 기념 여행을 도구적 가치 외에도 본질적인 가치가 있는 것으로 생각한다. 하지만 나는 여행을 가기 위해 포기해야 할 다른 모든 것들 때문에 10만 달러를 내지 않을 것이다. 내가 아내를 사랑하지 않거나 결혼기념일 축하가 귀찮아서가 아니다.

가격의 좋은 점은 우리가 어떤 것을 선택하고 다른 것을 버릴 때 잃는 것을 명확하게 해준다는 것이다. 만약 당신이 1만 달러가 있고 A) 당신 아들의 생명을 구하는 수술, B) 당신 개의 생명을 구하는 수술, 또는

C) 최고급 새 서핑 보드를 사는 데 쓸 수 있다고 하자. 당신은 아마도 B나 C보다 A를 선택할 것이다. 당신은 아마도 B나 C보다 A에 훨씬 더 많은 돈을 낼 용의가 있을 것이다. 그것은 당신이 돈을 가치 있게 여기는 것과 똑같이 당신의 아들을 가치 있게 여기기 때문이 아니다. 정확히 당신은 당신 아들의 삶이 돈과는 다른, 더 높은 종류의 가치를 가지고 있다고 보기 때문이다.

어떤 사람들은 돈을 더럽고, 불경스럽고, 부패를 불러오는 것으로 간주하기 때문에 돈을 사랑하는 것은 괜찮은 게 아니라고 생각한다. 그러나 앞서 보았듯이, 그런 생각을 뒷받침할 증거가 없다. 돈은 낯선 사람들 사이에서 협력을 촉진한다. 관계가 돈에 의해 자주 중개되는 사회는 더 개방적이고, 신뢰할 만하고, 정직한 사회이다. 돈이 더러운 것처럼 보인다 치면, 더러움은 일부 서양인들이 돈에 투사하는 것이지 돈 자체에 내재된 게 아니다.

Why 부자가
된다는 것
It's OK to
Want to Be
Rich

제**4**장

시장 경제는 어떻게 작동하는가

이 모든 고통, 죽음과 파괴의 이면에는 바실리우스의 말대로 '악마의 똥 the dung of the devil'의 악취가 있습니다. (바실리우스는 흔히 성 대 바실리우스로 불린다. 329 또는 330 ~ 379. 오늘날 튀르키예 지역인 카파도키아 카이사레아의 그리스정교 주교를 지낸 유명한 신학자다. 가난하고 소외된 계층을 지원한 인물로 유명했다. 수도 공동체를 지지했고 공동체 생활도 해 '동방 기독교 수도 생활의 아버지'로 불린다. – 옮긴이) 돈에 대한 제한 없는 추구가 판치고 공동선의 봉사는 뒷전으로 밀려납니다. 일단 자본이 우상이 되어 사람들의 결정을 이끌게 되고 돈 욕심이 사회 경제 시스템 전체를 지배하게 되면, 그것이 사회를 망치고 다른 사람들을 저주하고 노예로 만들며 인간의 우애를 파괴하고 사람들을 서로 싸우게 만듭니다. 우리가 눈앞에서 보듯이 그것은 우리 공동의 집까지도 위태롭게 합니다.

– 2015년 프란치스코 교황

때때로 우리는 어떤 것이 좋고 나쁜지에 대해 엇갈린 의견을 내기도 한다. 도덕적 기준이 다르기 때문이 아니라 관련 사실에 대해 의견이 일치하지 않기 때문이다.

예를 들어, 백신 반대론자들이든 의사들이든 모두 생명을 구하는 것과 건강이 중요하다고 생각한다. 그들은 아기들이 죽어가는 것을 원하지 않는다. "백신은 생명을 구하기도 하지만 드물게는 심각한 부작용도 있어. 하지만 나는 아기들이 죽어가는 걸 보기 위해 백신에 반대하는 거야"라고 백신 반대론자들이 말하지는 않는다. 백신 반대론자들은 아기들을 죽게 만드는 정책을 옹호하는 결과를 불러오지만, 그럴 의도를 가진 것은 아니다.

백신 찬성론자와 반대론자의 차이는 도덕적 가치moral values에 있는 것이 아니라 백신의 효능에 대한 정보 차이에 있다. 백신 반대론자들은 백신이 어떻게 작동하는지, 그리고 이에 따른 위험은 무엇인지에 관해 잘못된 정보를 갖고 있기 때문에 백신에 반대한다.

이런 것은 시장, 이윤, 그리고 돈에 대한 일반 사람들의 관점에도 그대로 적용된다. 우리가 제1장과 제3장에서 보았듯이 많은 사람들이 돈은 더러운 것이라고 생각한다. 이윤은 악이며 이윤을 창출하는 것은 남에게 해를 끼치는 것이라고 생각한다. 그들은 부자도 나쁜 사람이라고 여기며, 돈을 원하는 것은 천박하고 타락한 것이라고 믿는다.

이런 것들은 기본적인 도덕적 신념이 아니다. 이런 신념은 돈이 무슨 역할을 하는지, 이윤은 무엇이고 이윤을 내려면 무엇이 필요한지, 그리고 시장은 어떻게 작동하는지 등에 관한 경험적 관점에 기대고 있다. 돈, 이윤, 비즈니스에 관한 사람들의 도덕적 평가는 그들의 경제에 대한 신념에 기초하는 것이다.

칼 마르크스Karl Marx와 프란치스코 교황은 사업과 시장 경제를 싫어하는 한편으로 믿을 수 없는 비과학적인 경제 이론들을 받아들였던 게 확실하다. 경제학에 있어서는 그들이 백신 반대론자들이다.

우리가 돈, 시장, 이윤, 부자들에 관해 현명한 도덕적 평가를 내리려면 사실을 바로 알아야 한다. 우리는 경제가 어떻게 작동하는지 알 필요가 있다. 이윤이란 무엇이고 어디서 오는지 알아야 한다. 무역은 어떻게 이뤄지는지 알아야 한다. 우리가 투자하거나 기부하면 어떤 일이 생기는지도 알아야 한다.

사람들은 돈벌이를 이해하지 못하므로 그것을 폄훼한다. 따라서 돈을 갖고 싶어 하고, 돈을 벌고 싶어 하며, 부를 지키고 싶어 하는 욕망을 지켜내는 첫걸음은 시장 경제가 어떻게 작동하는지를 설명하는 것이다.

무섭고 괴상한 돈과 시장

경영 대학원의 동료 교수가 학생들에게 물었다. "당신들은 도덕을 누구에게 배웠나요?" 학생들은 '부모, 목사, 친구, 교사 그리고 이웃'이라는 합리적인 답변을 내놓았다.

교수가 다시 물었다. "그렇다면 '킬러 광대'로 알려진 연쇄 살인범 존 웨인 게이시John Wayne Gacy나 '폭탄 테러리스트' 유나바머 테드 카잔스키 Unabomber Ted Kaczynski는 왜 사람들을 죽였을까요? 그들의 부모가 옳고 그름을 구별하는 방법을 가르치는 것을 잊었나요?" 학생들은 말을 잇지 못한다. 교수가 말했다. "아니죠. 그들의 머리가 뭔가 엉망이 된 거죠."

인간은 도덕적이고 사회적인 동물로 진화해 왔다는 심리학과 인류학의 연구 결과를 교수는 이렇게 소개한다. 우리 조상들은 과거 수십만 세대에 걸쳐 대부분 가족 중심의 씨족이나 약 100명 규모의 부족에서 살아왔다. 그들은 집단 내 협동에 크게 의존했으며 집단 밖의 사람들은 믿지 않는 경향을 띠었다. 이런 집단이 대를 잇고 성공하려면 사람들이 공동의 이익을 위해 함께 일하게 만들어야 했다. 또 다른 사람이 일한 결과를 공짜로 누리려는 사람을 기꺼이 혼낼 필요가 있었다.

우리는 협력자의 후손이지 탈주자의 후손이 아니다. 우리는 기본 도덕성, 즉 옳고 그름에 대한 인식, 공정과 불공정에 관한 생각을 우리 머릿속에 내장하고 있다. 우리 부모와 목사는 우리에게 기본적인 도덕적 직관을 처음으로 심어준 게 아니라 그런 직관을 어떻게 적용하는지를 가르친다.

어린아이들도 타고난 도덕적 기질과 태도를 갖고 있다는 심리학적 증거가 있다. 태어난 지 3개월 된 아기들도 공정과 불공정, 친절과 심술, 도움과 방해를 구별할 수 있으며 공정하고 친절하며 도움을 주는 사람을 더 좋아한다. (아기들은 또한 친숙하고 알려진 것을 더 좋아하며 다른 것에 대해서는 심한 편견을 드러낸다. 우리의 조상들이 외부인을 불신하도록 진화돼 온 것을 기억하라.) 나이가 들수록 우리는 도덕적 감정에 따라 행동하도록 더 맞춰지고 더 잘 배워 간다. 하지만 그런 하드웨어는 대체로 태어날 때부터 있었다.

우리가 직면하는 문제는 이렇게 내장된 도덕적 하드웨어가 현재 우리가 사는 세상이 아니라 다른 세상에 맞춰 발전됐다는 점이다. 도덕 심리학자 폴 블룸Paul Bloom은 이렇게 설명한다.

인간의 감정은 단순한 시대에 맞도록 진화해 왔다. 그래서 낯선 사람들에 둘러싸인 채 자동차와 총기, 인터넷에 접근할 수 있는 현대에는 적합하지 않다.
모든 도덕 감정은 참담한 결과를 불러올 수 있다. 다른 사람의 처지에서 생각하는 능력, 남의 기쁨과 고통을 느끼는 능력인 공감조차도 그런 것 같다. 개인적인 관계에서 공감은 좋은 것이다. 나는 공감이 결핍된 부모, 자녀, 배우자를 원하지 않는다. 하지만 분노와 마찬가지로 공감은 커지지 않는다.

기후 변화로 수십억 인구가 영향을 받는 미래보다 우물에 빠진 눈앞의 소녀를 더 걱정하는 것은 공감적 반응 때문이다. 소녀는 공감을 어렵지 않게 끌어내는 반면 통계가 보여 주는 미래의 해악은 그렇지 않다. 눈에 띄는 희생자가 없는 미래의 위협을 우리가 인식하고 행동에 옮기는 것은 우리에게 내장된 반응이 아니라 합리적인 숙고 때문이다.

옛 소련의 독재자인 이오시프 스탈린Iosif Stalin은 '한 개인의 죽음은 비극이지만 수백만의 죽음은 한낱 통계일 뿐'이라고 말했다 한다. 출처가 불분명한 소리지만 누구의 표현이었든 맞는 말이다. 현존 인류 호모 사피엔스homo sapiens의 첫 9,500여 세대는 기껏해야 100명에 영향을 주는 도덕적 결정을 내렸다. 그들은 수백만 또는 수십억 인구의 측면에서 생각할 필요도 없었고 그렇게 하지도 않았다.

인간은 외부인과 잦지는 않지만 가끔은 공격적인 접촉을 하면서 수렵 채집의 소집단으로 살도록 진화해 왔다. 우리 조상들은 원시적인 생존형 수렵 채집 경제를 가졌다. 그들은 때때로 다른 인간 집단과 거래하긴 했지만 대부분의 생산물은 집단 내부용이었다. 내부적으로 그들은 돈, 계약, 거래보다는 친절, 주고받기, 가족적 기부에 의존했다. 그들은 가진 게 많지 않았고, 가진 것의 대부분을 즉각 소비해 버렸기 때문에 재산 개념이 발달하지 않은 상태였다.

그들은 그런 경제를 가졌다. 그것이 우리의 도덕적 구조가 발전해 온 협력의 모습이다. 당신의 도덕적 직관은 당신이 100명 안팎의 수렵 채집 집단에서 성공적인 협력자가 될 수 있도록 돕기 위해 만들어진 것이다.

하지만 그것은 우리가 지금 살아가는 방식은 아니다. 집이나 사무실에 있는 모든 것들은 수백만 명의 낯선 사람들에 의해 집합적으로 만들어졌다. 그들은 자신이 그런 물건의 제조를 돕는다는 것을 알지도 못한다. 아마도 당신은 매일같이 수십 명의 낯선 사람들과 교류하고 협업한다. 당신은 내일의 먹거리만이 아니라 수십 년 후의 상황(자녀의 대학 등록금 납부 또는 은퇴 등)을 위한 계획을 세울 수 있어야 한다.

우리 조상들은 작은 집단에서 낯익은 사람들 간의 대면 소통으로 협업을 증대시키는 식의 도덕 규범이 필요했고 그것을 확보하는 쪽으로 진화했다. 우리의 도덕 구조, 도덕적 직관, 태생적 도덕 감정은 우리의 삶이 아니라 선조들의 삶을 위해 만들어졌다. 우리의 도덕적 지성은 뉴욕시의 현대적 생활이 아니라 아프리카 사바나 석기 시대의 부족적 생활에 맞게 구축됐다. 그러나 오늘날의 우리는 수십억 명 규모의 낯선 사람들 사이에서 특정 개인과 무관한 협업을 증대시키는 도덕 규범이 필요하다.

이것의 결말은 사람들이 돈, 시장, 시간 외 거래, 국경 무역, 협업, 이윤과 손실의 메커니즘, 계약, 주식, 채권, 부채, 옵션 시장 등등에 대한 태생적 불신을 가졌다는 점에 우리가 놀라서는 안 된다는 것이다. 확대된 협업을 가능하게 하는 제도, 법규, 규범은 부족적 협업이 가능하게 하는 규칙들을 따르거나 모방하지 않는다. 이런 것들은 너무나 새롭지만 우리의 태생적 도덕 구조는 이를 따라잡지 못했다. 우리 머리에 박힌 원시적 도덕심에 비춰볼 때 돈과 시장 같은 새로운 것들은 무섭고 괴상한 것들이다.

부자가 되는 논리

우리는 도덕관념을 가지고 태어나지만 우리의 문화는 그것을 새롭고 흥미로운 방식으로 적용하도록 가르친다. 그중 어떤 도덕적인 생각들, 예를 들면 장난삼아 아기를 먹지 말라, 형제와 결혼하지 말라 같은 것들은 보편적이다. 그러나 종교적 차이를 용인하라, 동성애를 받아들여라, 언론의 자유를 존중하라 같은 것들은 보편적이지 않다.

우리는 선천적인 도덕적 두뇌를 가지고 있지만, 또한 다양한 문화적 규범을 계승하고 있기도 하다. 그렇다면 우리는 '문명' 속에서 몇천 년 살아온 경험이 있으므로 우리의 도덕관념이 우리가 살아가고 일하는 방식을 따라잡아야 하지 않을까?

아마 아닐 것이다. 인류의 역사를 통틀어, 고정된 부의 축적 같은 것이 존재해 왔다는 것이 문제이다. 총소득이나 부의 증가는 거의 없었다. 20세기 초중반에 활동한 영국의 경제학자 존 메이나드 케인스John

Maynard Keynes는 유명한 소논문 「우리 후손의 경제적 가능성Economic Possibilities for Our Grandchildren」(1930)에서 이렇게 말한다.

> 유사 시대 가장 이른 시기부터 18세기 초까지 보통 사람의 삶의 수준에는 큰 변화가 없었다. 물론 기복은 있었다. 역병, 기근, 전쟁이 있었고 황금 같은 시기도 있었다. 그러나 진보적인 엄청난 변화는 없었다. 서기 1700년까지 4,000년 동안, 어떤 시기는 이전 시기보다 50%, 기껏해야 100% 더 나아졌다.

수천 년 동안 흥미로운 정치적, 문화적 변화가 많이 나타났다. 제국의 출현과 쇠망, 큰 전쟁, 종교의 흥망성쇠, 과학 분야의 위대한 발견과 망각과 재발견 같은 것들이다.

하지만 경제적인 관점에서 보면 거의 아무 일도 일어나지 않았다. 몇몇 왕과 영주, 고위 성직자를 제외한 곳곳의 많은 사람은 부자가 될 희망이 전혀 없었고 처절하게 가난했다. 풍년이면 아기를 더 낳았겠지만 증가한 인구는 증가한 생산물을 모두 먹어 치웠을 것이다. 사람들 대부분은 똑같은 상태였을 것이다. 초기 문명 이후의 경제사에는 '문맹이며 영양실조에 빠진 소작농'이라는 전형적인 사람들의 수천 년 세월이 들어 있다.

더구나 대부분의 역사상 왕과 귀족, 고위 성직자 등 부자들 대부분은 가난한 사람들로부터 도둑질해 부자가 됐다. 더 자비롭게 보자면, 그들은 세금과 십일조를 받고 보호와 구원을 제공해 부자가 되었다. 그들은 농민들이 굶주리는 동안 비싼 전쟁을 벌이고 호화로운 궁궐을 짓는 데 이 돈을 사용했다. 왕과 고위 성직자들은 나눠줄 쌀이 거의 없는 백성들로부터 쌀을 가져가고도 침략을 막아주는 것 이상으로 백성들의 형편이 나아지게 하는 노력은 하지 않았다. 대부분의 역사에서 대부분의 부자들은 대부분 기생충이었다고 생각하면 맞다.

이런 것들은 우리의 도덕적 판단에 어떤 영향을 미치는가? 경제적 상황에 비추어 볼 때, 대부분 지역에서 인류 역사의 대부분에 있어서, 모든 사람의 상황은 아래와 같았다.

> 파이의 양은 정해져 있다. 부자들이 더 큰 파이를 차지하면 자동적으로 내게 오는 파이는 줄어든다. 실제로 모든 부자는 다른 사람들로부터 파이를 받아서 부자가 됐다. 부자들이 먹는 모든 음식은 우리의 희생으로부터 나온다.

예수는 부자가 천국에 들어가는 것이 힘들다고 말했다. 그 말이 맞는 이유 중의 하나는 인류 역사의 대부분에서 부자들은 다른 사람의 형편을 더 나쁘게 해서 부자가 됐기 때문이다. 부자를 의심하는 게 당연했다.

하지만 경제 체제는 바뀌었다. 1500년대쯤 유럽과 이후 다른 지역에서 시작된 시장 중심의 부르주아 상업 사회는 낡은 봉건적, 제국적, 신정적 사회를 대체했다. 새로운 체제는 그저 파이의 큰 조각과 작은 조각 중 어느 것을 누구 손에 넣는가 하는 것을 바꾼 것만 아니라 더 많은 파이를 만들었다. 아주 많은 파이였다.

제1장에서 논의했듯이, 오늘날 영국의 일반인은 1,000년 전 일반인보다 적어도 30배는 더 부자다. 오늘날 미국 혼자 1,000년 전에 전 세계가 생산했던 것보다 80~100배 더 많은 파이를 생산한다. 싱가포르의 보통 사람은 1960년의 보통 사람보다 약 23배 더 부자다. 자본주의가 봉건주의를 대체했을 때, 자본가들은 당연히 부자가 됐다. 하지만 다른 모든 사

람 역시 그랬다. 그런 일은 이전에는 일어난 적이 없었고, 오직 시장 중심 사회에서만 일어났다.

새로운 시장 체제는 단순히 파이를 더 많이 만든 게 아니었다. 가난한 사람들이 파이를 많이 얻도록 잘 해냈을 뿐만 아니라, 부자가 되는 논리와 규칙도 근본적으로 바꿨다.

중세 영국에서 당신이 부자가 되는 가장 좋은 방법은 왕으로부터 땅을 받는 것이었다. 그 땅을 떠나거나 무역을 배울 자유가 없었던 당신의 농부들은 당신의 식탁에 빵을 올려놓기 위해 일했다. 당신은 다른 영주들로부터 그들을 보호해 주었겠지만 그들의 삶을 개선하기 위해서는 별로 노력하지 않았다.

하지만 상업적 부르주아 사회는 규칙을 바꿨다. 이 사회에서 부자가 되는 가장 효과적인 방법은 다른 사람들을 더 잘살게 하는 것이다. 실제로 당신이 더 많은 사람을 더 잘살게 하면 할수록 당신은 더 부자가 된다.

캔디바 교환 게임

보통 사람들은 우리 조상들에게 잘 먹혔을 법한 순진한 고정관념에 의존하고 있다. 동기에는 이타적인 동기와 이기적인 동기, 두 종류가 있다. 사람들은 이타적인 동기를 가질 때 다른 사람들을 돕는다. 그러나 이기적인 동기를 가질 때 다른 사람들을 다치게 한다. 간단하다.

제1장에서 살펴보았듯이, 오늘날의 사람들은 조직 평가에도 이러한 고정관념을 도입하고 있다. 그들은 말 그대로 비영리 조직은 사람들을 돕고 영리 조직은 사람들을 먹이로 삼는다고 가정한다.

이 고정관념에는 문제가 많다. 가장 큰 문제 중 하나는 동기와 결과가 따로 노는 때가 자주 있다는 것이다. 누군가는 의도는 좋으나 해를 끼칠 수 있고, 반면에 누군가는 이기적이지만 좋은 일을 할 수도 있다.

베티 베네볼런스라는 사람이 남을 돕고 싶기는 한데 돕는 방법을 잘못 알고 있다고 생각해 보자. 누군가가 불에 휩싸여 있는데 그를 돕는 가장 좋은 방법은 휘발유를 뿌리는 것이라고 베티는 잘못 알고 있다. 베티는 도우려고 했지만, 사실 그녀는 상황을 더 나쁘게 만든다.

대조적으로 새미 셀피쉬니스라는 사람은 지위와 돈, 명성을 얻는 것에만 신경을 쓴다. 그는 자신의 목적 달성에 가장 좋은 방법이 암을 치료하는 것이라는 것을 깨닫고 그 일을 한다. 새미는 자신만 신경 썼을 뿐인데도 베티 또는 대부분의 사람보다 다른 사람들에게 훨씬 더 도움이 된다.

비영리 단체나 영리 단체도 비슷하다. 수많은 비영리 비정부 기구와 정부 기관, 자선 단체 등은 득보다 실이 더 많다. 그들은 자원을 낭비한다. 어떤 것들은 베티처럼 심지어 역효과를 낳기도 한다. 그들은 좋은 의도를 갖고 있지만 상황을 더 나쁘게 만든다. 윌리엄 맥어스킬William MacAskill(맥어스킬은 '효율적 이타주의effective altruism 운동'을 이끄는 영국의 철학자다. - 옮긴이)이 『좋은 일을 잘하기Doing Good Better』(2015)(국내에는 『냉정한 이타주의자』로 번역 소개됐다. - 옮긴이)(2015)라는 책에서 이를 지적한 바 있다.

더 중요한 것이 있다. 많은 영리 조직이 사람들을 더 잘살게 한다는 점이다. 수익을 많이 낼수록 다른 사람들에게 더 많은 가치를 제공하는 것이 시장의 규칙이기 때문이다.

대부분의 사람은 인간 본성에 대해 두 갈래 이론을 가지고 있다. 사업가들은 탐욕에 의해 동기 부여를 받고 공무원, 군인, 성직자, NGO 직원, 그리고 대학교수는 사랑과 친절에 의해 동기 부여를 받는다고 생각한다. 그렇지 않다.

영리 기업과 비영리 기업은 있다. 하지만 비영리적인 사람은 없다. 대부분의 사람은 이기적이다. 대부분의 사람은 낯선 사람에 대해 한정적으로만 이타적 관심을 갖고 있다. 의사, 간호사, 공립 학교 교사, 대학교수, 공무원 등은 자원봉사자가 아니다. 그들은 좋은 집, 휴가, 가재도구, 그리고 취미에 필요한 것들을 사기 위해 돈을 벌려고 일을 한다. 그들은 사업가와 마찬가지로 스스로 신분, 권력, 그리고 영향력을 얻도록 동기 부여됐다. 그들은 소시오패스나 악마는 아니지만 천사도 아니다. 정부를 위해 일하든, NGO를 위해 일하든, 또는 사업을 위해 일하든 관계없이 사람은 사람이다.

진짜 문제는 사람들이 이타적이냐 이기적이냐가 아니다. 대부분의 사람들은 대부분 이기적이며 어떤 때만 이타적이다. 진짜 문제는 그들이 개인적인 이익을 추구하면서 다른 사람을 더 좋게 만드는가, 아니면 더 나쁘게 만드는가다. 사적 이익 추구는 공익을 만드는가, 아니면 공익에 해로운가? 사적인 이익을 추구하는 것이 다른 사람에게 해를 끼치는가, 아니면 도움이 되는가? 이런 게 문제이다.

이 질문들에 대한 답은 '때에 따라 다르다'이다. 지역적 상황뿐만 아니라 배경 규칙에 따라서도 다르다.

현대 경제학의 창시자인 애덤 스미스는 이것을 잘 이해했다. 이윤을 창출하는 유일한 방법이 이웃을 죽이고 그들의 땅을 빼앗는 것뿐인 봉건제도 하에서 산다면, 사람들은 그렇게 행동할 것이다. 만약 이윤을 창출할 수 있는 가장 좋은 방법이 정부 기관을 포획하고 시민들을 착취하는 것인 공산주의나 사회주의 국가에 산다면, 사람들은 그렇게 행동할 것이다. 이윤을 창출하는 가장 좋은 방법이 다른 사람들보다 더 높은 가치를 지닌 재화나 서비스를 제공하는 것인 자유 무역을 기반으로 한 시장 사회에 산다면, 사람들은 그렇게 행동할 것이다. 봉건 사회나 공산 사회에서 서로를 사냥하도록 우리를 유도하는 바로 그 이기적인 동기는, 마치 보이지 않는 손에 이끌리듯 시장 사회에서 서로를 섬기도록 우리를 유도한다.

내가 매 학기에 가르치는 경제학과 철학 과목에서 하는 게임이 있다. 나는 45개의 서로 다른 캔디바를 가져가 무작위로 각 학생에게 하나씩 나눠준다. 나는 학생들에게 각각 1~10의 척도로 등급을 매기게 한다. 1은 '가장 역겨운 캔디바'를, 10은 '최고의 캔디바'를 의미한다. 나는 게시판에 학생들이 매긴 점수를 적는다.

이어 나는 "이제 15분간 서로 캔디바를 교환하세요. 자유롭게 많이 거래해 봐요."라고 말한다. 15분 후 그들이 갖고 있는 캔디바에 점수를 매기게 한다.

필연적으로 점수가 올라간다. 처음에 1, 2점을 줬던 사람들은 보통 6, 7, 8점으로 끝난다. 수강생 수가 적은데도 총점이 50% 정도 올라간다. 형편이 더 나빠지는 사람은 없고 거의 모든 사람의 사정이 더 좋아진다.

이 게임은 경제학자들이 말하는 거래 이익gains from trade을 보여 준다. 거래 이익의 논리는 간단하다. 안나라는 학생은 스니커즈를, 블레이크라는 학생은 M&M을 갖고 있다. 그들은 억지로 거래할 필요는 없다. 거래는 둘 다 동의해야만 이루어진다. 만약 그들이 이윤에 의해 동기 부여가 된다고 생각해 보자. 안나가 자신의 스니커즈보다 블레이크의 M&M이 더 가치 있다고 생각하고 블레이크도 안나의 스니커즈를 자신의 M&M보다 더 가치 있다고 생각할 때만 그들은 거래한다. 즉, 두 참가자 모두가 거래로 이익을 얻을 때만 거래가 이루어진다. 거래는 상호 호혜적인 상호작용, 즉 경제학자들이 말하는 포지티브섬 게임의 패러다임적인 사례다. 포지티브섬 게임의 규칙은 모든 참가자가 이기도록 보장해 준다.

포커나 농구와 같은 대부분의 게임은 경제학자들이 제로섬이라고 부른다. 제로섬 게임에서의 승리는 다른 사람의 희생으로 발생한다. 포커에서 돈을 따려면 다른 사람들이 손해를 봐야만 한다. 포커 게임에서는 돈이 이리저리 돌아다닐 뿐 새로 만들어지는 않는다. 5명의 포커 플레이어가 총 500달러로 시작하면 끝날 때 총 500달러를 가지고 떠나게 된다.

포지티브섬 게임은 다르다. 당신이 이겼다고 해서 다른 사람들을 지게 만드는 것은 아니다. '매직 포커'라는 새로운 게임을 상상해 보자. 매직 포커에서는 누군가가 이길 때마다 당신은 물론 다른 플레이어들도 더 많은 돈을 딴다. 매직 포커에서는 플레이어들이 총 500달러를 테이블로 가져와 총 1,000달러를 갖고 퇴장한다. 플레이어가 100달러로 시작하면 보통 100달러 이상을 가지고 테이블을 떠나는 것이다. 매직 포커에서는 돈이 옮겨 다니는 게 아니라 만들어진다.

거래는 일반 포커가 아니라 매직 포커와 같다. 일반 포커는 제로섬이고 매직 포커는 포지티브섬이다.

거래의 큰 장점이 있다. 참가자들에게 선택권이 거의 없는 경우나 선택지가 너무 나빠 '완전 자율적'이라고 부를 수 없는 경우라도 여전히 포지티브섬이라는 점이다.

예를 들어, 게임을 하기 전에 한 학생이 아침과 점심을 걸러서 매우 배가 고팠다고 생각해 보자. 코코넛을 싫어하는 그녀는 처음에 코코넛 캔디바를 받았다. 그녀는 만족감을 느낄 스니커즈바를 기필코 구하려고 한다. 이런 안 좋은 조건에서도 그녀는 더 나쁜 상황인 채로 이 게임을 끝내지는 않을 것이다. 아마 코코넛 캔디바보다 더 낫다고 생각되는 것과 교환할 것이고, 최악의 경우라도 처음에 갖고 있던 코코넛 캔디바를 가진 채로 끝낼 것이다.

그녀가 허쉬의 스페셜 다크바로 거래를 끝냈다고 해보자. 그녀가 가장 좋아하는 바는 아니지만, 그것으로 거래를 끝냈다는 사실은 중요한 것을 말해 준다. 그것이 그녀로서 가능한 최고의 선택이었고, 그녀는 시작 때보다 사정이 더 나아졌다는 것이다. 모두가 이기적으로 행동할 때에도 거래는 사람들의 선택권을 증대시켜 준다는 교훈을 얻을 수 있다.

캔디바 게임 때 학생들 대부분은 오직 자신만을 챙긴다. 때때로 특정한 캔디바를 진심으로 원하는 다른 학생에게 사탕을 기부하는 학생도 있지만, 그런 일은 몇 년에 한 번 정도만 생긴다. 어쨌든 캔디바 게임의 규칙은 각자 이기심을 추구하는 학생들로 하여금 다른 사람들을 돕도록 해준다.

애덤 스미스로 돌아가 보자. 이기심, 이윤을 추구하는 것은 본질적으로 좋은 것도 나쁜 것도 아니다. 좋은 것인지 나쁜 것인지는 상호 작용의 배경 규칙에 달려 있다. 거래의 기본 규칙은 1) 양 당사자가 동의할 때만 거래가 이루어지고, 2) 상대방이 동의하도록 강요할 수 없다는 것이다. 이 규칙은 자신을 위한 이익을 내기 위해서는 다른 사람들에게도 이익이 되어야 한다는 것을 보장하기에 충분하다. (더 정확히 말하면, 내가 수익을 기대하는 거래를 하려면 거래 상대방도 수익을 기대해야 한다는 뜻이다. 물론 때때로 우리는 실수한다. 내가 지불한 돈보다 더 가치가 있을 거라고 기대하며 캔디바를 샀는데, 내가 그런 종류의 캔디를 좋아하지 않는다는 사실을 알게 된 적이 있다. 하지만 적어도 우리는 경험을 통해 배우고 다음에는 더 잘할 수 있다. 그리고 적어도 모든 사람은 더 나은 삶을 살 수 있을 거라고 합리적으로 기대한다.)

납품업자가 어떤 회사에 물건을 판매해 이익을 얻는 경우에만 그 회사도 납품업자들로부터 이익을 얻을 수 있다. 직원들이 회사를 위해 일해서 이익을 얻을 수 있는 경우에만 회사도 직원들로부터 이익을 얻을 수 있다. 고객들이 제품을 구매해 이익을 얻는 경우에만 회사도 고객들로부터 이익을 얻을 수 있다. 이 모든 것은 참가자 중 일부가 안 좋은 선택지를 가지고 있다고 하더라도 성립된다.

경쟁이 필요한 이유

경제학자들은 경쟁 시장의 장점을 칭찬한다. 곧 알게 되겠지만, 그것은 옳다. 그러나 경쟁적competitive이라는 용어는 시장을 혐오스럽고 나쁘게 보이게 한다. 마르크스주의 철학자 코헨 G. A. Cohen이 『왜 사회주의는 안 되나Why Not Socialism』(2008)라는 책에서 '시장은 우리가 서로 관계하기에 본질적으로 혐오스러운 방법'이라고 주장한 한 가지 이유다. 그는 시장을 두려움, 탐욕, 이기심 위에 세워진 시스템이라고 생각했다. 그리고 사회주의 사회는 사랑, 상호 관심, 상호주의 감정 위에서 어떻게 함께 살 것인지를 상상 속에서 잘 보여 준다고 생각했다.

사람들에게 경쟁 이야기는 시장이 일종의 경주라는 것을 암시한다. 하지만 그것은 최소한 세 가지 면에서 오해의 소지가 있다. 경주라면 패자의 희생으로 승자가 승리하는 제로섬 게임이다. 하지만 앞에서 살펴보았듯이 시장은 포지티브섬 게임이다. 승리한다는 것은 자신에게 이익이 되는 거래를 하는 것을 의미하지만, 거래는 당신이 상대방에게도 이익이 되게 하는 경우에만 할 수 있다. 또 우리는 시장 시스템에서 경쟁하는 것보다 훨씬 더 많은 협력을 한다.

시장 경쟁에서 사람들이 놓치는 것은 협력하기 위한 경쟁이라는 점이다. 우리 동네에서 광고하는 조경 회사들은 서로 경쟁하고 있지만, 그들이 경쟁하는 것은 우리 동네 사람들과 상호 이익이 되고 호혜적인 거래를 할 수 있는 기회를 얻기 위해서다. 다른 사람들을 위해 누가 봉사할 것인가를 결정하는 경쟁이라고 볼 수 있다.

일반인은 시장이 '매우 경쟁적'이라는 말을 들으면 승자가 독식하고 패자는 아무것도 얻지 못하는 상황을 상상하게 된다. 완전 경쟁 시장이 덜 경쟁적인 시장보다 더 무섭게 들린다. 하지만 그건 잘못된 것이다. 오히려 시장이 더 경쟁적일수록 한 개인이 다른 사람들을 밀어낼 힘이 줄어든다. 시장이 경쟁적일수록 거래를 통해 더 많은 이득을 얻고 시장 가격은 관련된 모든 사람의 지식과 가치를 더 많이 반영한다.

경쟁은 우리가 남을 이용하는 것을 막는다. 실제로 그것은 가난하고 절망적인 사람들조차도 이용당하지 않도록 보장하는 가장 효과적인 방법이다. 고전파 경제학자 데이비드 리카도David Ricardo의 책 『정치 경제학과 과세의 원리On the Principles of Political Economy and Taxation』(1817)의 사례를 변형해 보자.

마빈이라는 사람이 굶주린 채 일거리를 찾아 한 마을로 들어왔다고 상상해 보자. 그가 만약 오늘 밤도 못 먹으면 굶어 죽을 것이다. 그에게 하루 농장 일을 할 힘은 남아 있다. 그가 기꺼이 일할 수 있는 최소 금액, 즉 유보 가격reservation price(상품이나 서비스 가격의 한계점. 수요 측면에서 구매자가 지불하고자 하는 최고 가격 또는 공급 측면에서 판매자가 기꺼이 수락하는 최저 가격 – 옮긴이)은 1달러다. 그는 1달러 미만으로는 오늘 밤 음식을 살 수 없을 것이니 일할 가치가 없다고 결정하고 해가 떨어지는 걸 지켜보면서 마지막 날을 보내려고 할 것이다.

이 마을에 부유한 100명의 지주 농부들이 있다고 가정해 보자. 그들의 농장에는 마빈의 도움이 필요할 수도 있지만 그러지 않아도 문제가 없다. 마빈의 노동력은 그들에게 10달러의 가치가 있다고 해보자. 만약 그들이 마빈에게 10달러 미만의 임금을 준다면 그들은 이익을 얻는다. 정확히 10달러라면 그들에게는 그가 일하거나 일하지 않거나 상관이 없다. 10달러 이상이면 비용보다 가치가 덜하니 그들은 손해를 본다. 이 농부들은 처지가 어려운 마빈에게 동정심은 전혀 느끼지 않으며 마빈 외에 다른 노동자는 없다고 가정해 보자.

그렇다면 마빈은 얼마를 받아야 할까? 여러분은 이렇게 말할지 모른다. "음, 마빈은 일에 필사적이고 농부들은 필사적이지 않다. 그러니 마빈의 하루 삯은 그의 유보 가격인 1달러 정도가 될 것이다."

아니다. 오히려 10달러에 육박할 것이다. 이렇게 생각해 보라. 농부들은 마빈에게 최소한 1달러를 지불하기를 원한다. 어떤 농부가 마빈에게 1달러를 제안한다고 가정해 보자. 다음 농부는 "음, 나는 마빈에게 1달러 1센트를 제안해도 여전히 8달러 99센트의 엄청난 이윤을 남길 수 있어. 그래서 나는 그렇게 제안할 거야"라고 생각한다. 이렇게 돼서 여러 농부가 다른 농부가 제시한 가격을 더 올려 최고 9달러 99센트까지 제시한다. 마빈은 절박할지 모르지만 모든 협상력을 갖고 있다. 고용주들 사이의 경쟁이 마빈의 어려운 처지를 이용할 수 있는 자신들의 능력을 완전히 갉아먹는다.

그 반대로도 작동한다. 당신이 절박하게 차를 고쳐야 하는 상황을 생각해 보자. 만약 정비사가 한 명만 있다면, 그 정비사는 당신이 차를 고치든 고장 난 상태로 놔두든 상관없는 지점, 당신의 유보 지점까지 요금을 끌어올려 청구할 수 있을 것이다. 하지만 정비사들이 많다면 그들은 가격을 낮춰 제시한다.

경쟁 시장에서는 서로 다투며 입찰하는 공급자들, 또 서로 다투며 입찰하는 소비자들이 많다. 결과적으로 아무도 떠밀리지 않고, 아무도 다른 사람들을 책임지거나 이용할 수 없고, 아무도 가격을 결정할 수 없다. 공급자들의 요구는 소비자들의 요구와 균형을 이루게 된다. 상호 이익이 되는 모든 가능한 거래가 일어날 수 있고 실제로 일어나고 있다.

시장 경쟁은 다른 사람들과 협력하기 위한 경쟁이다. 우리는 다른 사람들과 협력할 기회를 얻기 위해, 더 나은 조건을 제시하기 위해 경쟁한다. 그들도 우리와 협력할 기회를 얻기 위해 경쟁해야 한다.

입사 지원을 할 때 우리는 기껏해야 몇백 명 정도의 다른 지원자들과 경쟁하게 된다. 단기적으로는 시장의 이런 측면이 제로섬처럼 보인다. 그러나 당신이 컴퓨터에 이력서를 입력할 때, 당신은 컴퓨터를 만들고 전기를 공급하는 데 도움을 준 보이지 않는 수천만 명에 달하는 사람들의 협력에 의존하고 있다.

게다가, 예를 들어, 어떤 일자리나 계약을 따내기 위해 경쟁하는 것이 다른 지원자들과 단기적인 제로섬 경쟁을 포함하더라도 경쟁 시스템은 전체적으로는 포지티브섬이다. 여러분들은 경쟁을 허용하는 시스템에 참여하기 때문에 훨씬 더 잘살고 훨씬 더 부유하다. 오늘날 시장 사회에 살고 있는 보통 사람은 과거에 비시장 사회에 살고 있던 보통 사람보다 20배 정도 더 부유하다는 것을 기억해야 한다.

단기적으로 원하는 직업을 위한 경쟁에서 진다는 것은 괴로운 일이다.

그러나 사람들이 일자리를 얻기 위해 경쟁하지 않고 법적 또는 문화적 혜택으로 일자리를 받는 대안적인 시스템은 모든 사람의 형편이 훨씬 더 나빠지게 하는 시스템이다.

이윤은 부가가치의 척도

정상적인 시장에서 돈을 번다는 것은 이윤을 내는 것을 의미한다. 이윤이 무엇인지 분명히 알아보자.

판매자인 당신의 이윤은 수입에서 비용을 뺀 것이다. 당신이 판매를 통해 벌어들이는 돈이 당신이 판매한 것보다 더 가치 있을 때 판매자로서 이윤을 얻는다.

구매자로서 당신의 이윤은 당신이 구매한 물건에서 얻는 어떤 가치에서 그 물건의 비용을 뺀 것이다. 당신이 지불한 것보다 당신이 획득한 물건의 가치가 더 클 때 구매자로서 이윤을 얻는다.

이윤에 의해 동기 부여가 되지는 않는다는 것을 설명하기 위해 식료품점에 간 경우를 상상해 보자. 당신은 "영리를 추구하는 것은 나쁘니 나는 어떤 이윤도 남기지 않을 것이다"라고 다짐한다. 당신이 할 일은 모든 품목을 다음 세 가지 유형으로 분류하는 것이다. 1) 가격보다 더 가치 있게 여기는 품목들, 2) 정확히 가격만큼 가치 있게 여기는 품목들, 3) 가격보다 가치가 덜하다고 여기는 품목들. 당신의 쇼핑을 '비영리'로 유지하려면 당신은 아무것도 사지 않거나 2와 3의 품목, 즉 당신이 무관심하거나 별로 필요치 않은 품목들만 사야 할 것이다. 터무니없는 말처럼 들리겠지만 사실이 그렇다. 경제학자의 관점에서는 그것이 영리를 피하는 길이다.

당신의 이윤 추구는 다른 사람들에게 무엇을 해주는가? 경쟁 시장에서 재화와 서비스의 가격은 수요와 공급의 힘에 의해 결정된다는 것을 기억하라. 이러한 힘은 모든 시장 참여자들의 개별적인 지식과 욕망으로부터 나온다.

한 회사가 경쟁 시장에서 제품을 팔아 이익을 내려면 1단계의 가치가 있는 투입물을 가치가 더 높은 단계의 산출물로 전환해야 한다. 이윤은 오직 다른 사람들을 위해 가치를 창출할 때만 가능하다. 다른 사람의 관점에서 볼 때 이윤은 당신이 가치를 더했다는 것을 의미한다.

더 강하게 말하자면 당신이 창출하는 이윤의 양은 당신이 보탠 가치의 양에 달려 있다. 당신이 100달러의 투입물을 사용하고 그것을 사람들이 200달러의 가치로 평가한다고 상상해 보자. 사람들은 200달러의 가격이면 당신의 제품을 사는 거나 현금을 보유하는 거나 똑같다고 생각해 무관심하지만, 200달러 미만에서는 당신의 제품을 선호하게 된다. 그러면 경쟁 시장에서 당신은 100달러 이상 200달러 미만의 가격으로 그 제품을 판매할 수 있을 것이다.

가격이 정확히 얼마가 될지는 다른 요소들에 달려 있다. 하지만 부가된 가치의 양이 당신의 이윤에 상한선을 설정한다. 당신이 100달러의 투입물을 1,000달러 가치의 생산물로 만들었다고 상상해 보자. 그 경우 당신은 900달러까지 이윤을 낼 수 있다. 가치 전환이 클수록, 즉 당신이 가치를 더 부가할수록 당신은 더 높은 이윤을 낼 수 있다. 따라서 우리는 기업의 수익성을 보고 기업이 얼마나 좋은 일을 하는지를 짐작할 수 있다.

미국인들은 이 점을 거꾸로 인식하는 경향이 있다. 미국인들은 어느 정도의 이윤은 괜찮은 것으로 여긴다. 하지만 비정상적으로 높은 이윤에 대해서는 그 기업이 뭔가 잘못한 것이 틀림없다고 생각한다. 물론 잘못된 일을 통해 이윤을 내는 경우도 있다. 하지만 그런 이윤은 시장 안에서 작동하는 것이 아니라 시장을 속이는 데서 발생한다. 정상적인 시장에서는 이윤이 많다는 것은 다른 사람에게 더 좋은 일을 한다는 것을 의미한다.

2013년 여론 조사 회사 리즌 루프Reason-Rupe는 기업의 이윤과 관련한 미국인들의 생각을 조사했다. 결과는 이랬다. 미국인들은 기업의 수익성을 엄청나게 과대평가한다. 질문은 "대략적으로 추측해 볼 때 평균적인 기업이 매출 1달러당 몇 퍼센트의 이익을 낼 것이라고 생각하나요?"였다. 추측치의 평균값은 34%였고 중앙값은 30%였다. 사실 답은 7%에 가깝다. 거대 소매업체 월마트Walmart는 약 1~3%에 불과하다.

데이비드 슈미츠David Schmidtz와 나는 책 『자유의 약사(略史)A Brief History of Liberty』(2010)에서 이렇게 지적했다.

> 월마트 같은 기업은 특정한 거래를 통해 큰돈을 버는 것이 아니다. 수십억 개의 거래를 통해 적은 이익을 창출함으로써 세계에서 가장 수익성 있는 소매업체가 됐다. 월마트와 고객 사이의 특정 거래에서 얻는 모든 이익은 회사가 아니라 고객에게 돌아간다.

이윤 창출 기계이자 이윤 파괴 기계

정상적으로 기능하는 시장에서 돈을 벌기 위해서는 투입물을 다른 사람들이 매기는 것보다 더 높은 수준의 가치로 변환해야 한다. 엄청난 이윤을 내기 위해서는 훨씬 더 큰 변환 방법을 찾아야 한다.

경제학자 디어드레 맥클로스키Deirdre McCloskey는 '500달러 지폐 정리'라 불리는 아이디어를 다음과 같이 설명한다.

경제학부터 시작하라. 사람들이 인도에 떨어진 500달러 지폐를 줍는 것은 인간 행동의 공리라고 생각하라. 그렇다면 오늘날 당신의 집 근처에는 500달러 지폐가 남아 있는 인도가 없다.

증명 : 모순적으로, 만약 오늘 이전에 500달러 지폐가 놓여 있었다면, 공리에 따라 누군가가 오늘 이전에 그 지폐를 주웠을 것이다.

간단히 말해 당신은 500달러 지폐가 인도 위에 계속 나뒹구는 상황을 기대해서는 안 된다. 만약 그런 지폐가 있었다면 누군가 이미 움켜쥐었을 것이다.

이것은 돈을 버는 일에 관해 무엇을 말해 주나? 몇 가지가 있다.

첫째, 돈 버는 비결을 팔겠다고 나서는 사람을 경계하라는 것이다. 만약 어떤 사람이 인도에서 500달러 지폐를 찾아내는 비결을 알려 준다고 해도 돈을 내지 말라. 그가 정말로 비결을 안다면 그는 이미 500달러 지폐를 집어 들었을 것이다. 그 사람이 직접 500달러 지폐를 집어들 수 없는 경우에만 그 조언을 받아들여라. (경영학이나 마케팅 교수에게 500달러 지폐 정리가 무슨 의미인지를 물어보면 교수가 좋아할 것이다.)

둘째, 500달러 지폐가 놓여 있는 인도가 있다면 다음 중 하나가 사실이어야 한다는 것을 알려 준다.

1. 운 좋게도 아직 아무도 그 지폐를 보지 못했거나 지폐가 방금 땅에 떨어진 것이다.

2. 지폐가 더럽고 징그럽거나 왠지 집어 들기 어렵다.

3. 인도나 지폐를 찾기 어렵다.

4. 지폐를 줍기 위해 특별한 기술이 필요하다.

5. 지폐가 지면에 달라붙어 있는데 아무도 떼어 내는 방법을 알아내지 못했다.

기타 등등. 그렇지 않았다면 누군가가 이미 지폐를 주웠을 것이다.

500달러 지폐를 주운 사람들, 즉 특이하고 높은 수익을 내는 사람들은 정말 운이 좋거나 다른 사람들이 할 수 없거나 하지 않는 일을 할 수 있는 재능, 능력, 지식 또는 의지가 있어야 한다. 어떤 사람이 매일 500달러 지폐를 줍는다면 아마도 운만 좋아서 그런 건 아닐 것이다. 사람들은 대부분 가끔 운이 좋기도 하지만 항상 운이 좋은 사람은 아무도 없다.

결국 기업이 엄청난 이윤을 얻기 위해서는 그저 운이 좋아서만 되지는 않는다. 혁신하거나, 문제를 해결할 새로운 방법을 찾거나, 다른 사람들이 이해하지 못한 문제를 찾아 풀어내야 한다. 문제를 해결하고 다른 사람보다 더 나은 가치를 제공하는 방법을 찾아야 한다. 시장의 논리는 이렇다. 당신이 주워갈 500달러 지폐는 없다. 평균보다 더 잘하려면 뭔가 특별한 것을 해야 한다.

자본주의는 사람들이 상호 이익이 되는 허용된 교환에 의해서만 거래하도록 유도한다. 기업가들에게 엄청난 이윤을 제시하면서 문제를 해결하도록 장려한다. 이런 점에서 시장은 이윤 창출 기계다.

그러나 또 다른 측면에서 시장은 이윤을 파괴하는 존재다. 예를 들어보자. BMW는 사람들이 뛰어난 핸들링을 갖춘 스포티한 소형 고급 차량을 좋아한다는 걸 파악했다. 그들은 3시리즈를 만들어 많은 돈을 벌었고, 자동차 산업에 새로운 틈새시장을 창출했다.

그들은 그렇게 하면서 동시에 모든 경쟁자에게 신호를 보냈다. "이봐요, 여기 집어갈 수 있는 500달러 지폐가 있어요." 그러자 경쟁자들도 각자 그런 종류의 차를 내놓았고 어떤 것은 다른 것들보다 더 뛰어났다. 그렇게 함으로써 그들은 엄청난 이윤을 내는 BMW의 능력을 조금씩 갉아먹었다.

시장은 BMW가 혁신한 것에 대해 보상했고, 그리고 나서 BMW의 잠재적인 경쟁자들이 BMW를 능가하도록 격려하고 보상했다. BMW가 이윤을 계속 창출하기 위해서는 과거의 성공에만 의존할 수 없다. 그 회사는 계속 혁신하고 개선해야 한다. 결과적으로, 오늘날 저렴한 혼다 핏은

1978년의 BMW 320i보다 더 빠르고 더 강력하다. 하지만 현재의 BMW 340i는 훨씬 더 좋은 차다.

자본가로부터 자본주의 지켜내기

자본주의 시장은 경쟁을 허용함으로써 기업들의 엄청난 이윤 창출 능력을 지속적으로 줄여나간다. 이러한 이유로 기업 경영자와 소유주는 종종 시장 경쟁을 싫어하고, 그것을 막을 방법을 찾는다. 그들은 시스템을 속이려고 노력한다. 또 자신의 회사를 보호하고 경쟁자의 출현을 어렵거나 불가능하게 만드는 법을 통과시키기 위해 노력한다. 그들은 부정행위를 하는 데 당신으로부터 많은 도움을 받는 것으로 드러났다!

애덤 스미스는 이런 것을 파악해 1776년 『국부론』에 썼다.

> 같은 직종의 사람들이 만나서 즐기거나 기분 전환을 하는 일은 거의 없다. 그들의 대화는 대중에 대한 음모로 끝나거나 가격을 올리기 위한 작당으로 마무리된다.

스미스는 기업인들이 자유 무역을 거의 지지하지 않는다는 것을 깨달 았다. 자유 무역은 기업들을 경쟁하게 하는 제도이므로 현존하는 기업에 위협이 된다. 자유 무역 제도는 경쟁자들이 당신의 제품이나 서비스에 있어서 당신을 능가하도록 장려하고 허용한다.

스미스는 기업들이 정부 보조금이나 보호와 같은 특혜를 얻는 데 훨씬 더 관심이 많다는 것을 알게 됐다. 기업은 고객들이 마음대로 이탈하지 못하도록 정부가 기업을 도와주기를 원한다. 스미스는 노동자, 기업, 협동조합, 심지어 비영리 단체들도 경쟁 시장이 허용하는 것 이상으로 이윤을 얻기 위해 협회를 결성하거나 정부 독점권을 청원하거나 규칙을 조작하려고 끊임없이 노력한다고 생각했다. 결과적으로 우리는 자본주의를 자본가들로부터 지켜내야 한다.

아무 문제 없다고 생각할 수도 있다. 우리는 기업들이 이런 식으로 게임을 조작하는 것을 막을 수 있는 권한을 정부에 부여하면 된다. 어떤 경우에는 그것이 효과가 있을지 모른다. 하지만 많은 경우 역효과를 가져올 것이다. 기업들이 게임을 조작하는 것을 막을 수 있는 권한은 게임을 조작할 수 있는 권한이기도 하다. 게임을 조작하고 싶어 하는 사람들이 갖고 싶어 하는 바로 그 권한이다.

공공의 이익을 위해 경제를 규제할 수 있는 권한은 혜택을 주는 권한과 같은 것이다. 직업 면허법은 명목상으로는 무자격자에 의해 공공이 피해를 입지 않도록 하기 위해 존재한다. 예를 들어 의사 면허제를 들 수 있다. 이 제도가 의료의 질을 향상시킨다는 경제학 논문은 발견하지 못했다. 이 제도는 오히려 의사들의 임금을 부풀리며, 경쟁으로부터 의사들의 이익을 보호한다.

의사 이야기가 너무 심하다면 헤어 스타일링을 생각해 보자. 미국의

10개 주에서 머리를 자르거나 땋기 위해서는 미용사나 미용학 자격증을 취득해야 하는데, 이 자격증을 따려면 수천 시간의 수업과 훈련이 필요하며 수만 달러의 비용이 든다. 15개 주에서는 450시간의 과정을 이수해야 하는데, 과목 대부분은 엉뚱한 것들이다.

다양한 직업들을 제한하는 유사한 자격증 관련 법률이 있다. 이 법들이 왜 만들어졌는지 돌아보면, 저임금 흑인 소매상들이 백인들과 경쟁하는 것을 막기 위한 수단으로 짐 크로우Jim Crow 시대(짐 크로우는 1835년 미국에서 대히트를 기록한 노래에 나오는 인물로 이후 니그로negro와 동의어로 쓰이게 됐다. 미국에서 인종 차별은 1862년 법적으로 금지됐으나 남부에서는 노예 해방을 무력화하는 인종 차별법을 마구 제정했는데 이를 '짐 크로우 법'이라고 불렀다. 인종 차별적 법과 관습은 1960년대까지 만연했다. 이러한 흑인 차별주의를 짐 크로이즘Jim Crowism이라고 했다. – 옮긴이)에 나타났다는 것을 알 수 있다. 이 법들이 대중을 보호한다는 증거는 거의 없다. 이 법들은 주로 공급업체 간의 경쟁을 줄이고 현재 생산자들의 수익을 인위적으로 부풀리는 역할을 한다.

우리가 경제 게임의 룰을 통제하고 조작할 수 있는 권한을 가진 정부 기관을 만들 때, 기업 등은 그 권한을 잃지 않기 위해 로비하고 통제하기 위해 경쟁할 것이다. 기업이 부도덕할수록, 기관 통제에 더 많은 돈이 걸려 있을수록 그들은 통제권을 얻기 위해 더 많은 돈을 쓸 것이다. 정부 규제 기관 퇴직자가 금융 회사 골드만삭스 같은 곳으로 옮겨가는 등 정부와 엘리트 금융 회사 사이에 회전문이 있는 것은 우연이 아니다.

미국인들은 이윤에 대한 편견을 가지고 있다. 그들은 이윤이 무엇인지 이해하지 못한다. 그들은 모든 이윤을 부정행위의 결과라고 생각한다.

미국인의 생각이 전적으로 틀린 것은 아니다. 어떤 이윤은 그렇다. 어떤 회사들의 이윤은 다른 회사들의 비용으로 발생하기도 한다. 농업 회사인 아처 다니엘스 미들랜드Archer Daniels Midland(ADM)는 경쟁 시장에서 다른 회사들이 원하는 서비스를 제공함으로써 정직한 방법으로 일부 이윤을 창출한다. 하지만 이윤 일부는 게임을 조작하는 데서 발생한다. 이 회사는 정부 보조금을 받는데, 이는 정부가 당신과 나 같은 바보들에게서 세금을 걷어 ADM에 넘기는 것을 의미한다.

이 회사는 우리가 원하지 않을 때도 자사 제품을 구입하도록 의무화하는 법의 혜택을 받고 있다. 예를 들어 휘발유에 옥수수를 기반으로 한 에탄올이 들어 있다는 것에 주목해 보라. 정부가 자동차에 10% 에탄올을 넣도록 의무화하는 명목상 이유는 그것이 환경에 좋기 때문이라지만 이것은 잘못된 것이다. 진짜 이유는 옥수수 생산자들이 자신들의 이익에 부합하는 규제를 만들기 위해 성공적으로 로비를 했기 때문이다. ADM은 또한 수입 설탕을 인위적으로 비싸게 만드는 법의 혜택을 받아 코카콜라와 같은 회사들이 미국산 옥수수 시럽을 사용하도록 유도한다. 특혜 로비에 탁월한 회사인 ADM에 있어서 이익률은 사실이 회사가 게임을 얼마나 조작했느냐의 결과이다.

이런 것들 때문에 내가 이미 주장했던 모든 것이 철회되는 건 아니다. 우리는 한 단계 더 올라서야 한다. 특정 회사의 이윤이 좋은 것인지 아니면 나쁜 것인지를 알기 위해서는 그 회사가 어떻게 이윤을 냈는지 알아야 한다는 점이다. 어떤 회사가 정부 특혜를 얻거나 기만과 사기를 통해, 또는 강요를 통해 이윤을 얻는다면 그것은 나쁜 것이다. 어떤 회사가 거래를 즐기는 사람과 거래하되 그 비용을 죄 없는 구경꾼에게 떠넘겨서 이윤을 낸다면 그건 나쁜 것이다. 회사가 사기나 기만 또는 강요를 하지 않고 특혜 없이, 그리고 비용을 구경꾼들에게 전가하지 않고 이윤을 창출했다면 그것은 좋은 것이다. (앞에서 보았듯이, 시장에 있는 사람 중 일부가 안 좋은 상황에서 시작하고 나쁜 선택지만 가지고 있을 때도 마찬가지다.)

이제 시장을 전반적으로 평가하기 위해 당신은 부패가 얼마나 심한지 알아야 한다. 기업들이 특혜를 위해 정부와 얼마나 많이 결탁하는가? 시장은 얼마나 경쟁적인가? 현실의 시장이 경제학자의 경쟁 시장 모델에 더 근접할수록 이윤은 서비스에 대한 대가이다. 시장에서의 성공이 정부의 특혜 여부에 달린 정실 자본주의가 많을수록 이윤은 착취를 나타낸다.

이것이 나의 요점이다. 많은 기업이 자신들에게 유리한 입법을 위해 로비를 한다. 로비스트들과 특별 이익 집단들은 종종 자신들의 산업을 규제하는 바로 그 법안들을 직접 작성하기까지 한다. 누가 비난을 받아야 하나? 정치인들, 로비스트들, 그리고 특별 이익 집단들 외에 당신은 당신 자신도 비난해야 할 것이다.

당신이 산업 규제 강화나 정부의 경제 개입 확대를 약속한 정치인들에게 투표하는 것은, 비록 당신이 의도한 것은 아니었겠지만, 결국 지대 추구의 가치를 높이고 기업들과 특별한 이익 집단들이 시스템을 속이기 쉽게 만드는 것이다. ('지대 추구rent seeking'는 사람들이나 기업들이 다른 사람들을 희생시켜 가면서 자신들에게 이익이 되도록 규제나 법을 변경하는 것을 가리킨다.) 당신이 ADM을 억제하기 위해 규제 당국에 투표할 때, 당신은 ADM이 시스템을 속이는 행위를 돕는 것이다. ADM은 자신의 이익을 위해 규제 권력의 상당 부분을 확보할 것이기 때문이다.

한 국가의 지대 추구 수준을 측정하는 것은 매우 어렵다. 정의부터 질문해 봐야 한다. 무엇을 측정할 것인가? 지대 추구에 쓰인 양? 임대료로 인한 경제의 치명적 손실? 또 다른 것? 게다가 측정할 것을 알더라도 어떻게 측정할지 정하기가 어렵다.

규제는 대중들을 부도덕한 기업들로부터 보호할 수 있다. 실제로 그렇게 하고 있다. 하지만 부도덕한 기업들은 그런 상황에서도 이익을 얻으려한다. 정부가 더 많이 통제할수록 누군가는 자신의 이익을 위해 정부를이용하려고 한다. 대형 온라인 마케팅 업체 아마존Amazon은 경쟁사 이베이eBay에 불이익을 주는 세금인 인터넷 판매세 입법 찬성 로비를 했다.회계 부정 끝에 지금은 사라진 엔론Enron은 경쟁 대상인 석탄 대신 자신들의 제품인 천연가스를 띄우려고 거래 상한 규제를 위한 로비를 했다.이런 것들이 규제의 근본적인 역설이다.

Why 부자가
된다는 것
It's OK to
Want to Be
Rich

제5장

부자 나라와 가난한 나라

사람들은 이윤이 해로운 것이라고 오해해 돈을 버는 것을 나쁘게 본다. 이윤을 취한다는 것은 착취하고 바가지를 씌우고 다른 사람들에게 해를 끼치는 것이라고 짐작한다. 그러나 정상적이고 잘 작동하는 시장에서 수익을 낸다는 것은 당신이 다른 사람들을 돕고 있다는 신호이다. 물론 시스템을 속이거나 조작해서 이익을 얻는 것도 가능하지만, 그것은 규칙의 예외이지 규칙 그 자체는 아니다.

그런 것은 보통 거래에서 오는 것이 아니다. 정치적 힘을 이용해 당신과 거래하도록 강요하는 것에서 비롯된다. 그런 문제를 막기 위해 내세우는 정책 중에 많은 것들은 오히려 문제를 악화시키는 경향도 있다.

아마도 당신은 지금 그것을 미시적인 차원에서 이해하고 있을 것이다. 애플의 스티브 잡스Steve Jobs는 자발적인 고객들과 수많은 거래를 했지만 당신은 그보다 훨씬 더 적게 거래했다. 그렇기 때문에 그는 당신보다 부자가 되었다. 그는 많은 거래 파트너가 있었고 다른 사람들을 위해 많은 가치를 창출했다. 당신은 거래 파트너가 적었고 가치를 덜 창출했다. 그의 개인적인 결점이 무엇이었든 간에, 그는 유치원 교사, 대학교수, 소방관, 군인 또는 신부보다 다른 사람들을 위해 훨씬 더 많은 일을 했기 때문에 그들보다 더 부자가 되었다.

그러니 우리는 부자들을 그렇게 의심할 필요가 없다. 하지만 부자 나라 전체를 보면 어떨까? 미국, 싱가포르, 네덜란드와 같은 일부 국가에서는 거의 모든 사람이 부자다. 우리가 제2장에서 논의했듯이, 미국에서 소위 '빈곤선'에 있는 사람도 오늘날 생존하는 사람 중 상위 5분위 안에 들고, 지금까지 살았던 사람 중 상위 1% 안에 든다는 것을 기억하라.

부유한 사람과 가난한 사람이 있듯이 부유한 나라와 가난한 나라도 있다. 오늘날 많은 사람은 국가간 부의 차이가 부정한 이득 또는 어떤 사악한 과정의 결과일 것이라고 생각하는 경향이 있다. 부유한 나라들이 가난한 나라들에 피해를 주었기 때문에 부자가 되었다고 믿는다. 그들은 다음 중 하나를 믿을지도 모른다.

1. 어떤 나라는 부유하고 다른 나라는 가난한 이유는 세계적으로 천연자원이 불균등하게 분포돼 있기 때문이다. 부자 나라는 가난한 나라보다 더 많은 자원, 또는 더 좋은 자원을 갖고 있거나 그것에 접근했기 때문에 부유하다.
2. 어떤 나라는 부유하고 다른 나라는 가난한 이유는 부유한 나라들이 정복, 식민 정책, 제국의 영토를 통해 가난한 나라들로부터 자원을 뽑아왔기 때문이다.
3. 몇몇 나라들이 부유한 이유는 그들이 노예 제도로부터 많은 혜택

을 받았기 때문이다.

이러한 주장 중 하나라도 사실이라면 부자가 되는 것이 그리 괜찮은
건 아닐 것이다. 일부 국가들이 운이 좋아 양질의 천연자원을 가져서 부
자가 되었다면 그것은 분명히 불공평하다. 적어도 칭찬하거나 감탄할 만
한 것은 아니다. 만약 다른 국가들을 약탈했기 때문에 부자가 되었다면
다른 국가들 몫인 부가 부당하게 옮겨진 것일 뿐이다.

이 세 가지 주장 중 전부 또는 일부가 사실이라면 우리가 당장 무엇을
해야 할지는 분명치가 않다. 하지만 하나라도 사실이라면 우리의 부를 축
복하기는 어려울 것이다.

중요한 것은, 경제학자들이 이 세 가지 주장을 엄정하게 연구해 왔다
는 것이다. 전 세계적으로 천연자원의 분배가 불균등한 것은 사실이다.
어떤 나라들은 다른 나라들보다 더 나은 '물질'을 가지고 있다. 영국, 미
국, 네덜란드, 벨기에, 프랑스, 일본을 포함한 많은 나라가 제국주의적 약
탈에 가담했던 것도 사실이다. 미국 등 많은 나라가 끔찍한 노예 제도의
유산을 가지고 있는 것도 사실이다. 그중 어떤 것도 논란이 되지 않는다.
그러나 고교 역사 교사가 당신에게 말했을지도 모르는 것과 반대로, 경
제 분석은 어떤 나라가 부유하고 다른 나라가 가난한 이유가 이것 때문
이라는 것을 보여 주지 않는다. 정반대이다.

경제학에서는 어떤 나라가 부유한 것은 좋은 제도 때문이고 어떤 나라
가 가난한 것은 나쁜 제도 때문이라는 공감대를 갖고 있다. 이는 슈미츠
가 『정의의 요소들Elements of Justice』(2006)이라는 책에서 밝힌 바 있다.
지속적인 경제 성장은 좋은 경제적, 정치적 제도로부터 비롯된다는 견
해가 지배적이다. 폴 크루그먼Paul Krugman과 로빈 웰스Robin Wells의 『미

시경제학Microeconomics』(2012), 그레고리 맨큐의 『경제 원론Principles of Economics』(2014) 등도 이를 소개하고 있다.

1993년 노벨 경제학상 수상자인 더글러스 노스Douglas North는 '제도는 한 사회의 게임의 규칙이거나, 더 형식적으로는 인간의 상호 작용을 형성하는 인위적인 제약이다'라고 쓰고 있다. 이 규칙들은 사회적 상호 작용의 조건들을 유해한 것부터 생산적인 것까지 다양한 방식으로 정할 수 있다. 이 조건들을 가장 생산적인 방식으로 정하는 것이 성장을 설명하는 열쇠라는 견해가 경제학에서 빠르게 지배적인 위치에 올랐다. 누구도 제도만이 중요하다고 주장하지 않지만, 제도가 가장 중요하다고 널리 알려져 있다. 경제학자 다니 로드릭Dani Rodrik은 연구 결과를 '제도의 질이 다른 모든 것을 능가한다'고 요약했다.

오해의 소지가 있는 세 가지 사고 실험

먼저 세 가지 사고 실험을 고려해 보자.

사고 실험은 특정한 도덕적 직관들, 옳고 그름에 관한 판단들, 그리고 누가 누구에게 무엇을 빚지고 있는지를 이끌어 내기 위한 것이다. 많은 철학자들, 그리고 일반인들은 현실 세계가 이러한 사고 실험들과 유사하거나 유사했다고 생각한다. 그렇다면 이것들은 현실 세계에 대해 어떻게 생각해야 할지를 명확히 하는 데 도움이 될 것이다.

증조할머니의 파이 : 증조할머니는 195명의 증손자들을 위해 아주 크고 맛있는 파이를 만들었다. 그러나 어떤 이유에서인지 그녀는 파이의 80%를 20명의 증손자들에게 주었고, 나머지 175명에게는 20%만 주었다.

이 사고 실험을 읽을 때, 대부분의 사람들은 175명의 아이들이 너무 적게 얻고 20명의 아이들이 너무 많은 것을 얻어 불공평하다고 생각한다. 그들은 아마도 그 20명의 아이들이 자신들의 큰 조각들을 다른 175명과 공유해야 더 평등한 상황이 될 것이라고 결론짓는다. 그 20명은 자신들의 큰 파이 조각에 대해 자랑스러워해서는 안 되며, 그들이 그것들을 받을 만한 어떤 행동을 한 것 같지 않다는 것이다.

이런 이야기와 비슷한 것이 있다. 가장 부유한 20개 국가들이 다른 175개 국가들보다 더 나은 천연자원을 가지고 있었기 때문에 부자가 되었다는 것이다. 만약 이러한 유사성이 성립된다면, 미국인들의 부가 자국이 얼마나 훌륭한지를 보여 준다고 뿌듯해하는 것은 잘못이다. 미국은 순전히 운이 좋은 나라일 뿐이고 미국 영토에 '물질'이 더 많을 뿐이다.

여기 또 다른 사고 실험이 있다.

> 훔친 시계 : 당신의 증조부가 밥의 증조부에게서 시계를 훔쳤다. 그리고 그것을 당신에게 맡겼다. 당신의 증조부가 시계를 훔치지 않았다면 밥의 증조부는 그것을 밥에게 물려주었을 것이 확실하다.

대부분의 사람들은 이 사고 실험에 대해 당신이 스스로 잘못한 것이 없어도 그 시계를 가질 자격은 없다고 말한다. 그 시계는 가보가 아니라 가문의 수치니까 당신은 이 시계를 밥에게 돌려줘야 한다는 것이다.

비유하자면 가장 부유한 나라들이 지금 부유한 것은 과거 그곳 국민이 오늘날 가난한 나라 국민들로부터 뭔가를 훔쳤기 때문이다. 대영제국에 해가 지지 않는 것은 대영제국이 아메리카, 인도, 중동, 아프리카의 많은 지역과 호주를 동시에 약탈했기 때문이다. 조상들, 적어도 우리에 앞서 이곳에 살았던 사람들이 도둑들이었기 때문에 부유한 것이다. 우리는 훔친 상품과 자본으로 먹고살고 있다. 이전의 식민지들이 지금 대부분 가난한 것은 당연하다. 약탈당했기 때문이다.

또 하나의 사고 실험이 있다.

> 고조할아버지의 농장 : 당신의 고조할아버지는 미시시피 강가에 거대한 목화 농장을 소유하고 있었다. 그는 가지고 있던 모든 물건과 노예를 남북전쟁 전에 팔았다. 그 돈을 물려받은 자손들은 투자를 잘한 결과 부자로 살았다.

대부분의 사람들은 이 사고 실험을 읽고 '훔친 시계' 사고 실험 때와 비슷한 반응을 보인다. 물론 당신은 개인적으로 노예 제도에 대한 책임이 없다. 당신 스스로 잘못한 게 없다. 여러 세대에 걸쳐 부자로 지내기 위해 아마도 당신 가문은 부를 지켜 내느라 세심하고 현명한 선택을 해야 했을 것이다. 하지만 당신 가문의 재산은 결국 노예 제도에서 비롯되었다. 당신은 가문의 부와 지위에 자부심을 가질 수 없다.

어떤 사람들은 이 사고 실험이 미국 전체와 유사하다고 생각한다. 철학자 저스틴 토시Justin Tosi와 브랜든 웜크Brandon Warmke는 저서 『과시Grandstanding』(2020)에서 사람들은 '미국이 좋은 제도를 가져서가 아니라 노예를 체계적으로 착취했기 때문에 부유하다'고 생각한다고 적었다. 역사학자 에드워드 뱁티스트Edward Baptist는 "면화 독점에서 나온 수익이 미국 경제의 나머지 부분을 현대화하는 힘이 되었다"고 주장한다. 그는 노예 제도가 중요한 제도였다거나 미국의 자본 축적 이유 일부를 설명해 준다고 단순하게 주장하지 않는다. 노예 제도가 미국 부의 핵심 원천이라고 더 강하게 주장한다.

　나는 이런 사고 실험에 문제가 없다고 본다. 나는 사람들의 직관에 공감한다. 파이가 잘못 분배되었고, 시계를 밥에게 돌려줘야 하고, 그 가문의 돈은 수치스러운 것이다.

　문제는 이런 사고 실험이 어떻게 활용되는가 하는 것이다. 자원이 국가들 사이에 균등하게 분배되지 않고, 많은 부유한 나라들이 제국주의 약탈을 벌였으며, 노예 제도가 큰 악이었던 것은 사실이다. 그러나 경제학자들이 엄정하게 조사했지만 자원, 제국의 영토, 노예 제도가 어떤 국가가 왜 부유한지를 설명하지는 못한다. 사고 실험은 부유한 나라와 가난한 나라의 차이를 평가하는 것과는 대체로 무관하다.

대풍요와 대분기

과거 한때, 부유한 나라는 없었고 가난한 나라만 있었다. 모든 곳이 가난했다. 어떤 곳은 다른 곳보다 수확량이 약간 더 많기도 했지만, 어디에서든 일반적인 사람의 생활 수준은 더러웠고, 영양실조였고, 가진 게 없었고, 문맹이었다. 대부분의 인류 역사에는 경제 침체만이 있었다.

1821년 서유럽은 여전히 매우 가난하긴 했지만, 세계 다른 나라들보다는 약간 더 부유했다. 그해 1인당 GDP 기준으로 서유럽과 세계 평균의 격차는 약 2:1에 불과했다. 가장 부유한 나라와 가장 가난한 나라의 격차는 약 5:1이었다. 호주의 철학자 피터 싱어Peter Singer의 1972년 논문 「기근, 풍요, 그리고 윤리Famine, Affluence, and Morality」에 나오는 설명이다.

역사를 더 거슬러 올라가면 그 격차는 사라진다. 서기 1000년에 모든 지역의 모든 사람은 대략 똑같이 가난한 생활 수준을 가졌다.

하지만 지난 수백 년 동안 상황이 바뀌었다. 수백 년 전 영국과 네덜란드, 그리고 그밖의 다른 곳에서 시작해 전체 국가들이 점점 더 부유해졌다. 그들의 경제 성장률은 인구 증가율을 상회했다. 성장의 혜택은 광범위했다. 보통 사람들과 서민들은 부자가 되어 갔다. 이 현상을 대풍요(大豊饒)Great Enrichment라고 하자.

대풍요는 또한 대분기(大分岐)Great Divergence였다. (경제사 연구에서 동양과 서양의 소득 수준 차이가 벌어진 시점을 말하며 주로 영국의 산업혁명을 꼽는다. - 옮긴이) 대풍요가 시작되자 서유럽과 서유럽의 분파들은 다른 나라들보다 더 빨리 부유해졌다. 그 결과 전 지구적 불평등이 증가했다. 서유럽의 생활 수준과 다른 곳의 생활 수준 격차가 커졌다. 오늘날 리히텐슈타인과 룩셈부르크와 같은 부유한 나라들의 1인당 GDP는 부룬디와 같은 일부 최빈국들의 그것보다 300배 이상 크다. 싱어의 연구 결과다. 이것은 리히텐슈타인 사람들이 부룬디 사람들보다 300배를 소비한다는 의미가 아니다. GDP는 근본적으로 소비가 아니라 생산 또는 산출을 측정한다. 물론 그들이 훨씬 더 높은 생활 수준을 누리기는 한다.

경제학자 앵거스 매디슨Angus Maddison은 그런 추세를 이렇게 요약한다.

> 서기 1000년에는 지역 간 차이는 매우 좁았다. 2003년까지 모든 지역에서 소득이 늘어났고 가장 부유한 지역과 가장 가난한 지역은 18:1의 격차가 있었다. 국가 내 격차는 훨씬 더 컸다.
> 서부(서유럽, 미국, 캐나다, 호주, 뉴질랜드)와 세계 경제의 나머지 부분 간의 차이도 볼 수 있다. 서부의 실질 1인당 소득은 1000년과 1820년 사이에 2.8배 증가했고, 1820년과 2003년 사이에는 20배 증가

했다. 나머지 세계의 소득은 그보다는 천천히 증가했다. 1000년에서 1820년 사이에 25%를 약간 상회하는 정도로 늘어났으며, 그 이후에는 7배 늘었다.

경제학자 매디슨의 역사 자료를 이용해 서기 1년부터 2003년까지 1인당 GDP의 변화를 분석해 보면 대풍요와 대분기가 모두 나타난다. 서기 1년부터 1500년 사이의 기간에는 경제적으로 많은 일이 일어나지 않았다. 서기 1년에는 전 세계의 평균 생활 수준이 낮았고, 500~600년대에 약간 하락했다. 그 후 약간 상승해 약 1500년까지 대체로 평평한 상태를 유지한다.

이어 대풍요 시대다. 서유럽 국가들과 유럽의 분파들(캐나다, 호주, 미국)은 부유해졌다. 다른 모든 국가들도 마찬가지였다.

유럽이 같은 정도로, 그리고 같은 속도로 부유해졌다고 해서 다른 나라들이 가난해진 것은 아니다. 만약 그렇게 되었다면 그것은 대풍요가 아니라, 대재배정Great Reallocation 또는 대재분배Great Redistribution였을 것이다. 유럽이 얻은 것은 아프리카와 아시아가 잃은 것이고, 고정된 부를 제로섬으로 재배분했다는 의미일 것이다.

하지만 우리가 보는 것은 그게 아니다. 실제로는 모든 국가가 가난하게 출발했다. 그런데 지난 500년간 어떤 국가들은 약간 부유해졌고 또 어떤 국가들은 엄청나게 부유해졌다.

경제학자들의 생각

　현대 경제학의 창시자 애덤 스미스는 대풍요와 대분기가 시작될 즈음인 1776년 『국부론』을 썼다. 그는 영국과 네덜란드 같은 일부 유럽 국가의 보통 사람이 스페인이나 프랑스 같은 다른 유럽 국가 사람들보다 상당히 부유했다는 것을 깨달았다. 스페인과 프랑스는 더 좋은 천연자원과 더 큰 제국의 영토를 갖고 있었기 때문에, 당시의 통념으로는 혼란스러운 일이었다. 천연자원과 제국의 거대 영토가 부자 나라를 만든다면 당시에 왜 프랑스와 스페인은 부자 나라가 아니었을까?

　스미스는 국가의 부를 근본적으로 설명해 주는 것은 천연자원이 아니라고 주장했다. 그것은 제국 건설도 아니었다. (우리가 곧 보게 되겠지만, 놀랍게도 그는 제국주의는 제국주의 열강에 해롭다는 것을 보여 주었다.)

　어떤 나라가 더 도덕적이고, 더 똑똑하고, 더 우수한 국민을 가진 게 아니었다. 그 나라가 다른 나라들보다 더 나은 제도를 가지고 국민이 더 효율적이고 더 생산적인 방식으로 일하도록 장려한 것이 진실이다. 그 결과 모든 사람들, 심지어 가장 가난한 시민들도 더 부유하게 만들었다.

다른 나라들, 스미스가 책을 썼던 당시 대부분의 국가는 나쁜 제도를 가지고 있었다. 그런 나라들은 추출 엘리트들에 의해 지배되었다. 그들은 국민으로부터 수입을 빼앗고 국가의 천연자원을 통제해 돈을 벌었다. 이런 나쁜 정책들은 서민들이 생산적이지 못하게 억제했고, 그 바람에 가난한 사람들은 가난한 채로 남아 있었다.

일반적으로 경제학이나 사회과학 공부를 폭넓게 하지 않는 역사학자들은 부의 차이가 자원이나 정복으로 설명된다고 생각하는 경향이 있다. 그러나 오늘날 경제학자들은 스미스의 기본적인 평가에 동의한다. 부유한 나라는 성장을 장려하는 제도가 있었기 때문에 부유하고, 가난한 나라는 성장을 억제하는 제도가 있었기 때문에 가난하다.

그렇다면 어떤 제도가 성장을 낳을까? 경제학자들은 구체적인 내용에 관해 논쟁한다. 대런 애쓰모글루Daron Acemoglu와 제임스 로빈슨James Robinson의 책 『국가는 왜 실패하는가Why Nations Fail』(2013) 등에 따르면 기본적인 합의는 A) 사유 재산의 강력한 보호, B) 개방되고 자유로운 시장, C) 법의 지배, D) 안정되고 포용적인 정부가 필요하다는 것이다. 이러한 제도를 채택한 스위스, 캐나다, 덴마크, 싱가포르 또는 홍콩 같은 국가들은 거의 항상 부자가 된다. 이런 제도가 부족한 국가들은 거의 항상 가난한 채로 남아 있게 된다.

특히 싱어에 따르면, 국가들이 A~D 제도로 나아갈 때 그들은 더 부유해진다. A~D 제도로부터 멀어질 때 그들은 더 가난해진다. 예를 들어, 경제학자 피터 리슨Peter Leeson은 1980년에서 2005년 사이에 자본주의화한 정도(프레이저 경제 자유도 기준)에 따라 결과가 어떤지 조사했다. 더 자본주의화한 국가들은 1인당 실질 소득이 33% 증가하고, 기대 수명이 5년 증가했으며, 1인당 교육을 1년 반 정도 더 받았고, 국민이 훨씬 더 민주적으로 됐다. 덜 자본주의화한 국가들은 국민의 소득이 정체되고, 기대 수명이 감소했으며, 덜 민주적으로 됐다.

프레이저 연구소Fraser Institute는 매년 국가별로 경제적 자유 보장 순위를 매겨 보고서를 발행한다. 이것은 건전한 돈에 대한 접근, 자유 무역, 창업과 기업 활동의 용이함, 자본 투자의 용이함, 재산권 보호, 정부의 경제 통제와 개입의 정도 등 요소들을 고려한 것이다. 보고서에 따르면 경제적으로 가장 자유로운 나라에는 호주, 뉴질랜드, 캐나다, 그리고 스위스가 포함된다.

보고서를 보면 한 나라가 얼마나 경제적으로 개방돼 있고 자유로운지와 그 나라 국민이 얼마나 행복하고, 건강하고, 부유한지 사이에 강한 상관관계가 있다. 1인당 GDP와 프레이저 연구소의 경제 자유도 간에도 강한 상관관계가 나타난다. 경제적 자유와 소득 하위 10분위 사람들의 소득 수준(복지 수당을 받기 전) 간에도 마찬가지로 강한 상관관계가 나타난다.

만일 그것들 사이에 단순한 상관관계가 아니라 인과관계가 있음을 증명하는 데 필요한 엄격한 통계 분석을 거치고 싶다면 다니 로드릭Dani Rodrik, 아르빈드 수브라마니안Arvind Subramanian, 프란치스코 트레비Francesco Trebbi의 논문 「제도가 지배한다Institutions Rule」(2004), 대런 애쓰모글루Daron Acemoglu와 제임스 로빈슨James Robinson의 논문 「제도 해체Unbundling Institutions」(2005) 등을 읽으면 된다. 여기서는 경제학자들의 생각과 그 이유만 요약한다.

애쓰모글루와 로빈슨은 성장을 창출하거나 억제하는 제도 간의 주요한 차이점을 분석했다. 제도에 따라 국민들에게 서로의 이익을 위해 일하도록 권한과 동기를 부여하는 경향이 있는지, 아니면 서로를 먹잇감으로 노리도록 권한과 동기를 부여하는 경향이 있는지가 다르다는 것이다.

개방 시장과 강력한 사유 재산 보호와 같은 포용적inclusive 제도들은 사회 전반에 걸쳐 사람들에게 권한을 부여한다. 그 제도들은 대부분의 사람이 장기적으로 투자하고 상호 이익이 되는 자본 축적에 참여하도록 동기를 부여하고 이를 가능하게 한다. 이와는 대조적으로, 정부가 천연 자원을 소유하고 있는 독재 정권이나 지대 추구자들이 규칙을 조작하는 과도 규제 경제 같은 추출적인extractive 제도들은 일부에게만 권한을 부여한다. 그래서 다른 사람들의 희생으로 소수에게만 혜택을 주는 경향이 있다.

애쓰모글루와 로빈슨은 『국가는 왜 실패하는가』라는 책에서 이렇게 설명한다.

> 포용적 경제 제도는 대다수 사람들의 재능과 기술을 최대한 활용해 개인이 원하는 경제 활동에 참여를 허용하고 장려하는 제도들이다. 경제 제도가 포용적이려면 사유 재산 보장, 편향되지 않은 법체계, 사람들이 거래와 계약을 할 수 있는 평평한 경기장을 제공하는 공공 서비스를 특징으로 해야 한다. 그것은 또한 새로운 사업 진입과 직업 선택을 허용해야 한다.

이와 대조적인 게 있다. 역시 애쓰모글루와 로빈슨의 설명이다.

> 추출형 경제 제도를 가진 나라는 국민이 절약하고 투자하며 혁신하

는 데 필요한 인센티브를 창출하지 못하기 때문에 실패한다. 추출형 정치 제도는 추출로 이익을 얻는 자들의 힘을 공고히 함으로써 추출형 경제 제도를 지원한다. 아르헨티나, 콜롬비아, 이집트 같은 경우 충분한 경제 활동이 일어나지 않는 양상을 띠었다. 왜냐하면 정치인들이 자원을 착취하거나 자신과 경제 엘리트를 위협하는 독립적인 경제 활동을 분쇄하면서 행복해하기 때문이다. 짐바브웨와 시에라리온처럼 극단적인 경우 추출형 제도들은 법과 질서뿐만 아니라 심지어는 가장 기본적인 경제적 인센티브마저 파괴해 완전한 국가 실패의 길을 닦는다. 그 결과는 경제적 침체다. 앙골라, 카메룬, 차드, 콩고민주공화국, 아이티, 라이베리아, 네팔, 시에라리온, 수단, 짐바브웨의 최근 역사가 보여 준다. 내전, 대량 난민, 기근, 그리고 전염병은 오늘날 이 나라들을 1960년대보다 더 가난하게 만들었다.

부에 관한 이러한 제도 이론이 부유한 나라들을 찬양하거나 가난한 나라들을 비난하는 것으로 이해되지 않도록 주의해야 한다. 어떤 나라들은 좋은 제도를 발견하고 다른 나라들은 나쁜 제도에 갇혀 버리게 된 것은 우연의 결과다. 애덤 스미스와 현대 경제학자들은 영국이 부자가 된 것이 그 나라에 더 나은 제도를 만들려 하는 더 훌륭한 사람들이 있었기 때문이라고 말하지 않는다. 부룬디 국민이 추출적 엘리트들의 지배를 받는 걸 선택했다거나 그런 운명에 빠질 만한 행동을 했다고도 주장하지 않는다.

제도 이론은 어떤 면에서는 고무적이다. 그 이론은 부자가 되기 위해 착취나 좋은 자원, 심지어 좋은 사람들이 필요한 건 아니라는 것을 의미한다. 그러나 다른 면에서는 불쾌하다. 우리는 어떤 게 번영을 가져오는 제도이고 어떤 게 번영을 억제하는 제도인지는 알고 있지만, 나쁜 제도를 가진 나라들에게 어떻게 좋은 제도를 채택하게 할지는 모르기 때문이다. 우리는 '사회 변화'에 관한 좋은 이론을 가지고 있지 않다. 게다가 나쁜 제도를 가진 나라의 지도자들은 거의 항상 그 나쁜 제도를 유지하는 데 이해관계가 있다. 그들은 그들의 국민을 착취하거나 특혜를 이용해 생계를 유지한다.

자원 이론에 반대한다

'증조할머니의 파이'라는 사고 실험은 어떤 나라들이 부유하고 다른 나라들은 가난한 이유가 천연자원의 유무 때문인 것처럼 보이게 한다. 이것을 자원 이론Resources Theory이라고 부른다. 국경은 어떤 의미에서 자의적이고, 우발적이며, 역사적 상황의 무작위적인 결과이다. 그러나 자원 이론은 어떤 나라들이 역사적 행운을 통해 좋은 자원을 갖게 되고 다른 나라는 나쁜 자원을 갖게 된다고 주장한다. 그래서 부자 나라와 가난한 나라로 나뉘게 된다는 것이다. 철학자들, 역사학자들 그리고 일반인들은 대개 자원 이론이 맞다고 믿기 쉽다.

하지만 경제학자들은 자원 이론에 대해 엄격한 정밀 조사를 거쳤고, 이제 이 이론은 지지를 받지 못한다. 경제학자 데이비드 웨일David Weil은 널리 사용되는 그의 교과서 『경제 성장론Economic Growth』(2013)에서 방대한 문헌을 요약해 '천연자원이 소득에 미치는 영향은 있어 봤자 미미한 수준'이라고 적었다. 사실 천연자원을 발견할 수 있는 능력조차도 제도에 달려 있다. 시장 지향적 제도를 가진 나라들은 비시장적 제도를 가진 나라들보다 천연자원 탐색에 훨씬 더 능숙하다.

예를 들어, 1950년대 이후의 중국은 1인당 소득이나 기타 수치로 볼 때 자원이라고는 별것 없던 싱가포르나 홍콩보다 더 가난했고 지금도 그렇다. 소련은 훨씬 더 좋은 천연자원을 가지고 있었지만 20세기 내내 미국보다 가난했다. 북한은 더 좋은 공업 여건에다 광물 자원도 많았지만 계속 가난했고 한국은 부유해졌다. 애덤 스미스 시대에 프랑스는 훨씬 더 좋은 천연자원을 가졌던 반면에 네덜란드는 해수면 아래의 매립지로 이루어져 있었어도 네덜란드와 영국이 프랑스보다 더 부유했다. 이런 식의 사례가 많다.

실제로 천연자원은 때로는 성장을 유도할 수 있지만 더 빈번하게 성장을 억제한다. 경제학자들은 이를 '자원의 저주resource curse'라고 부른다. 쉽게 추출할 수 있는 천연자원이 몰려 있는 국가들이 경제 침체를 더 자주 겪는다는 뜻이다.

자원의 저주가 존재하는 이유를 설명하는 서로 다른 이론들이 맞서고 있다. 이 이론들은 서로 양립할 수 있고 공통적인 원인을 확인할 수 있다. 웨일의 '경제 성장론'은 풍부한 천연자원을 가진 나라들은 경제적 성공에 필요한 문화적 속성들을 개발하지 않는다고 주장한다.

다른 이론은 자원 부국들이 갑자기 흘러들어 온 소득을 지속 불가능한 방식으로 소비하는 경향이 있다고 지적한다. 이런 나라들은 자본을 개발하지는 않고 추가된 소득이 사라질 때까지 먹어 치운다. '네덜란드병'이라는 이름의 또 다른 이론은 '갑작스러운 자원의 풍요가 제조업의 위축을 가져 온다'고 주장한다.

오늘날 가장 일반적인 이론(혹은 가장 중요한 원인을 규명한다고 생각되는 이론)은 한 국가가 풍부한 자원을 향유하게 되면 이것이 정부의 파괴적 행동을 부추긴다는 것이다. 정부 당국자들은 그저 자신들의 이기적 목적을 위해 자원을 빼먹을 뿐이고 자국민들을 무시하거나 억압하게 된다. 자원에 대한 통제권을 놓고 싸우는 것은 내전으로 이어질 수도 있다. 또는 정부가 지속 불가능한 복지 프로그램을 만들 수도 있는데, 이는 자원 상품 가격이 높은 상태로 유지되는 경우에만 감당할 수 있다. 이것 역시 웨일의 주장이다. 최근의 사례로 베네수엘라를 보라.

일반적으로 사람들은 자원 이론을 받아들이는 경우가 많지만, 경제학자들은 대체로 이 이론을 거부한다. 증거를 보면 반대쪽이다.

제국주의론에 반대한다

　'훔친 시계'라는 사고 실험에서 증조부가 다른 사람으로부터 시계를 훔친 결과로 당신은 화려한 시계를 갖게 된다. 많은 일반인, 세계 정의론에 관한 글을 쓰는 철학자, 그리고 마르크스주의에 입각한 역사가들은 그러한 도둑질이 세계적 불평등을 설명한다고 생각한다. 부유한 나라들은 아프리카, 남아메리카, 아시아 일부를 정복함으로써 부자가 되었다고 생각한다. 자원을 훔쳤기 때문에 자본을 개발했다는 것이다. 오늘날 부유한 나라들은 훔친 부를 물려받았기 때문에 부자로 남아 있다는 것이다. 이것을 '대분기의 제국주의론Imperialist Theory'이라고 부른다.

　예를 들어 철학자 토마스 포게Thomas Pogge는 이렇게 말한다.

　　현재의 급진적 불평등은 노예화와 식민주의, 심지어는 대량 학살이
　　라는 하나의 역사적 과정을 통해 깊이 오염되어 있다. 부자 나라들

은 자신들 조상의 죄를 물려받을 수는 없다고 지적한다. 맞는 말이다. 그렇다면 그들은 어떻게 그런 죄의 결실, 즉 나머지 세계에 대한 힘과 부를 대물림받는 우위를 누릴 자격을 가질 수 있는가?

이러한 견해는 제1세계 국가들이 왜 부유해졌는지, 개발도상국 국민들은 어떻게 가난해졌는지를 제국주의적 자원 추출로 설명한다.

엄밀한 경제 분석에 앞서 드러난 수치만 봐도 제국주의론에는 몇 가지 문제가 있다. 이전 시대의 GDP 추정치를 보면 1500년 이후에는 거의 모든 사람이 부자가 되거나 최악이라도 종전 수준을 유지했다. 유럽의 부가 나머지 세계의 손실이었다면, 다른 곳들이 가난해진 속도로 유럽이 부자가 될 것이라고 예상할 수 있다. 즉 소득이 이동할 뿐 전체 소득은 거의 같은 수준을 유지할 것으로 기대할 수 있다.

하지만 그게 아니다. 총소득이 더 많아진 것을 알 수 있다. 유럽은 더 빨리 부자가 되고 다른 나라들도 부자가 되기 시작한다. 그러므로 제국주의론을 믿는 사람은 유럽의 도둑질이 어떻게 부를 창출했고 모든 사람을 부유하게 만들었는지를 설명해야 한다. 제국주의론 옹호자들은 유럽 열강이 식민지에서 이전에 사용되지 않았던 자원에 가볍게 손을 댔을 것이라는 가설을 세울지도 모른다. 유럽 열강은 숲을 벌목하고 종전에는 사용하지 않던 금을 채취하고 있었다.

두 번째 문제는 역사적 사실이 제국주의론의 논제와 잘 맞지 않는다는 점이다. 제국주의적 팽창기 대부분의 시기에 스페인은 가장 큰 제국 영토를 갖고 있었으나 잉글랜드나 영국보다 가난한 상태로 남아 있었다. (곧 보게 되겠지만 이것은 우연이 아니다.) 러시아는 천연자원으로 가득한 거대한 제국을 가졌는데도 왜 부자가 되지 못했을까? 미국과 독일은 먼저 부자 나라가 됐고 그 후 제국 영토를 확보했다. 스위스는 제국 영토 하나 없이도 부자가 됐다. 2차 세계대전 후 싱가포르, 홍콩, 마카오, 한국은 부자가 됐지만 제국 영토는 없었다. 일본은 1800년대 후반부터 2차 세계대전 때까지 제국 영토가 있었지만 부자가 되지 못했다가 전쟁에서 패하고 제국 영토를 잃은 뒤에야 부자가 됐다. 영국은 아일랜드 사람들을 학대하고 굶겼지만 아일랜드는 1970년에서 오늘날 사이에 1인당 GDP가 4배가 됐고 지금은 1인당 기준으로 영국보다 훨씬 부자가 됐다.

역사를 통틀어, 전 세계적으로 많은 나라가 거대한 제국들을 건설했다. 제국주의가 그렇게 수익성이 좋은 성장의 비결이라면 몽골, 청, 아바스Abbasid(오늘날 이라크 바그다드에 세워져 750년부터 1258년까지 이어진 아랍 왕조 - 옮긴이), 우마이야Umayyad(현재 시리아의 다마스쿠스를 중심으로 서아시아와 아라비아반도에서 661~750년에 유지된 아랍 왕조로 역대 이슬람 제국 중 최대 영토를 자랑했다. - 옮긴이), 브라질, 로마, 마케도니아, 오스만, 티베트, 페르시아, 아즈텍, 아메리카, 유럽, 아시아, 또는 아프리카에 있던 무수한 다른 거대 제국들은 왜 더 일찍 대풍요과 대분기를 끌어내지 못했을까? 스페인이 1492년에 제국주의를 발명한 것처럼 하지 못해서가 아니다. 이 초기 제국들이 특별히 착하고 친절했던 것 때문도 아니고, 자신들이 새로 확보한 백성을 착취하지 않거나 자원을 뽑아가지 않았던 때문도 아니다. 그럼 무엇 때문일까?

유럽 열강, 그리고 일본이 광범위한 제국주의적 정복에 나섰던 것은 사실이다. 제국주의의 영향 중 일부는 오래 지속되었다. 스페인이 잔혹하고 추출적인 제국을 포기했을 때, 이번에는 식민 국가의 폭군들이 그러한 추출적인 제도의 통제권을 장악했다는 증거가 있다. 과거의 몇몇 나라들이 식민지였던 결과로 오늘날 더 못살게 되었다는 증거도 있다. 예컨대 로버트 그리어Robert Grier는 피식민을 경험한 나라의 현재 경제적 성과는 유럽 열강이 그 식민지를 얼마나 오래 유지했는지와 밀접한 상관관계가 있다고 주장한다. 물론 사실에 어긋나는 것들은 확정하기 어렵다. 벨기에가 군대를 한 번도 보내지 않았다면 오늘날 콩고는 어땠을까? 만약 영국이 포르투갈 대신 브라질 땅을 정복했다면, 아니면 아무도 그 땅을 정복하지 않았다면 그 지역은 오늘날 더 부유해졌을까?

여하튼 1400년대를 기점으로 유럽의 강대국들이 거대한 제국들을 쌓아 올린 것은 분명하다. 그들은 다른 이들을 살해하고 억압하여 노예로 삼았고, 토지를 훔쳤으며, 그들의 제국 영토에서 자원을 빼갔다. 그러나 이러한 사실들에도 불구하고 제국주의론에는 문제가 있다. 유럽의 부유함이 그것으로부터 나왔다는 점을 드러내기에 충분치 않다는 점이다.

애덤 스미스의 『국부론』은 제도주의 이론을 방어하려는 것만이 아니었다. 그것은 제국주의론에 대한 최초의 지속적이고 가혹한 경제 비평이었다. 애덤 스미스는 유럽 열강이 그들의 제국 영토에서 추출한 원자재의 가치에 관한 자료를 신중하게 수집했다. 그는 제국주의적 무역 규제의 다양한 결과들을 면밀하게 분석했고 유럽 열강이 살인, 약탈, 노략질하는 데 얼마나 큰 비용을 들였는지도 조사했다. 많은 돈이 들었다. 영국은 1739년 스페인과의 전쟁에 4,000만 파운드(1파운드는 2024년 2월 현재 약 1,680원 – 옮긴이)의 비용이 들었고, 7년 전쟁(1756~1763)에 9,000만 파운드의 비용이 들었다고 추정한다.

요컨대 『국부론』은 제국주의에 대한 비용 편익 분석이었다. 결국 스미스는 제국이 비용도 못 건졌다는 사실을 알게 된다. (스미스는 정복당한 국민의 복지를 무시하는 것이 심각한 도덕적 오류라고 생각하면서도, 그것을 감안하더라도 여전히 비용 편익 분석에서 좋지 않은 결과가 나온다고 주장한다.) 오히려 스미스는 제국 열강이 제국을 획득하고 유지하는 데 드는 비용이 제국으로부터 받은 원자재 및 기타 재화와 용역의 가치를 초과한다는 사실을 발견한다. 애덤 스미스는 대영제국의 지도자들이 수익이 나오는 제국을 가졌다고 생각하도록 국민을 속였다고 주장했다. 사실 영국 국민은 제국 유지를 위해 거기서 나오는 혜택보다 더 많은 세금을 내고 있었다.

스미스는 문제가 이보다 더 심각하다고 생각한다. 한 가지 문제는 제국주의 열강이 비효율적인 생산 방식을 장려했다는 점이다. 예를 들어, 영국은 현재 미국의 버지니아에 대해 무역을 규제했고 버지니아에서 생산한 담배를 잉글랜드에만 팔게 했다. 영국인들은 그 결과로 담배에서 큰 이익을 얻었다고 생각할 수도 있다. 하지만 그것은 버지니아가 더 생산적인 방식에 투자하지 못했고 규모의 경제를 갖지도 못했다는 것을 의미했다. 결국 식민지 무역 규제는 다른 모든 사람과 함께 영국에도 피해를 주었다.

내가 강도질에 사용하려고 총을 1,000달러에 산다고 상상해 보자. 강도질로 나는 500달러를 챙긴다. 물론 강도질은 악이다. 하지만 강도는 강도질로 손해를 본다.

최근의 더 엄격한 실증적 연구는 스미스의 결론을 지지해 준다. 패트릭 오브리언Patrick O'Brien은 제국 열강의 경제적 이익에 집중해 보는 경우(그들이 정복한 곳에 미치는 해악은 무시한다), 제국 운영은 비용을 못 건진다고 지적한다.

제국이 그렇게 나쁜 조건이라면 왜 많은 나라가 제국주의 정책을 추진했을까 하는 의문을 가질 수 있다. 한 가지 이유는, 오늘날 대부분의 사람이 그렇듯이, 제국주의자들이 잘못된 정보를 가지고 있었기 때문일 수도 있다. 그들은 데이터에 주의하지 않았고, 단지 수지 타산이 맞는다고 가정했을 수 있다.

국가는 서로 다른 권력 수준과 서로 다른 이해관계를 가진 서로 다른 국민으로 구성된다. 랜스 데이비스Lance E. Davis와 로버트 허튼백Robert A. Huttenback의 『부와 제국Mammon and Empire』(1987)은 제국 건설의 혜택이 무기 제조업자, 특정 독점 무역 회사, 군대, 왕과 왕비와 같은 정치적으로 잘 연결된 소수에게 집중되었다고 설명한다. 혜택을 초과하는 비용은 무력하고 불행한 많은 사람들, 전쟁 비용을 내도록 강요당하는 납세자들, 싸우고 죽도록 강요당하는 징집병들, 그리고 인위적으로 높은 가격을 지불하도록 강요당하는 소비자들에게로 전가되고 확산되었다는 것이다.

'훔친 시계'라는 사고 실험은 사실을 호도하므로 오해의 소지가 있다. 그것은 실제로 일어난 일에 대한 잘못된 비유다. 사고 실험에서 보면 당신은 증조부의 도둑질에서 이익을 얻는다. 훔친 시계 사고 실험을 더 정교하게 해보자.

제국주의 여왕

400년 전, 스페인 여왕은 아메리카 대륙에 군대를 보내 사람들을 죽이고, 노예로 만들고, 약탈하게 했다. 여왕은 전쟁 비용을 백성들에게서 세금으로 걷었고, 많은 사람이 그 전쟁에서 싸우다 죽게 했다. 백성들이 그녀의 제국 영토로부터 받은 원자재의 가치는 세금이나 다른 비용으로 지불한 것보다 적었다. 그러나 여왕은 여왕이니까 백성들의 이익을 무시할 수 있었다. 그 결과, 스페인의 당시 국민은 그렇게 하지 않았을 경우보다 더 가난했다. 아마, 말하기는 어렵지만, 오늘날의 스페인 시민들도 그렇지 않았을 경우보다 더 가난할 것이다. 그들의 과거 여왕들과 왕들이 값비싼 제국 건설에 그들의 자본과 사람들을 너무 많이 낭비했기 때문이다.

토마스 포게는 과거 제국주의 열강이 제국들로부터 혜택을 받았다고 가정한다. 그래서 그는 현재 서양 사람들의 부는 잘못 얻어진 것이라고 가정한다. 그러나 더 정확한 견해는 제국주의가 정복 국가 일부 소수에게 혜택을 주었을 뿐이고, 정복 국가 내 대부분의 사람에게는 상처를 주었고 피정복 국가 사람들에게 큰 피해를 입혔다는 것이다.

노예제 이론에 반대한다

미국의 노예 제도는 잔인하고 비인간적이었다. 노예 제도를 비판하는 사람들의 의견이 모두 옳다. 나는 개인적으로 도덕 상대주의자가 아니며 그 당시에는 '정상적'이었다고 해도 조지 워싱턴George Washington이나 토머스 제퍼슨Thomas Jefferson이 노예를 소유했다는 사실을 용서할 수 없다. 나는 우리가 남부 연합의 동상들을 철거해야 한다고 생각한다.

1860년 미국 인구 조사에 따르면 당시 미국에는 3,140만 명의 사람들이 살고 있었다. 그중 390만 명이 노예였다. 남북전쟁 직전 전체 인구의 12.4%가 속박 상태인 노예였다. 2016년 미국 달러로 환산하면 1860년 노예의 평균 가격은 약 800달러였다고 한다. 이 노예들은 2016년 가격으로 약 31억 달러의 가치가 있었다는 의미다. 경제학자 로저 랜섬Roger Ransom과 리처드 서치Richard Sutch는 1860년 미국 남부의 소득이 아닌 부의 약 절반이 노예의 형태였다고 추정한다.

노예 제도가 미국의 과거 또는 현재의 경제적 번영 중 얼마만큼을 설명할 수 있을지에 대해서는 정교한 경제 분석이 필요하다. 다행히 많은 경제학자가 그 작업을 해냈다. 알프레드 콘래드Alfred Conrad와 존 마이어 John Meyer의 논문, 수잔 카터Susan B. Carter와 스캇 지그문트 가트너 Scott Sigmund Gartner 등이 펴낸『미국의 역사 통계Historical Statistics of the United States: Earliest Times to the Present』(2006) 등이 그것이다. 이들이 일반적으로 동의하는 점이 있다. 노예 제도가 노예 소유자들에게 경제적으로 이익이 되었지만 특별히 효율적인 생산 방식이 아니었고, 노예 제도로 일부 국가들은 부유하고 다른 국가들이 가난한 이유를 설명할 수도 없다는 것이다.

이와 반대로 네이선 넌Nathan Nunn은 다른 혼란 요인들을 수정하면서 과거의 노예 보유가 장기적으로 경제 발전에 미친 효과를 주의 깊게 추적했다. 그는 노예 이용과 경제 발전 사이에 음의 상관관계가 있다는 것을 발견했다. 다른 조건이 동일하다면 과거에 어떤 지역, 주 또는 국가가 노예를 더 많이 사용했을수록 오늘날 상황이 더 나쁘다는 것이다. 많은 다른 경제학자들도 같은 결과를 발견했다.

그러나 최근 몇 년간 '자본주의의 새 역사New History of Capitalism' 운동의 많은 역사학자들은 노예제가 미국과 전 세계 많은 나라가 부자가 된 주요한 이유라고 주장한다. 역사학자 스벤 베커트Sven Beckert, 월터 존슨Walter Johnson, 그리고 에드워드 뱁티스트Edward Baptist는 노예가 생산한 목화가 미국의 급속한 경제 성장을 설명해 주고, 그것이 유럽의 산업화와 경제 성장을 촉진하고 가능하게 했다고 주장한다. 베커트는 특히 저서『면화 제국Empire of Cotton』(2014)에서 노예가 생산한 목화가 세계 경제에 미치는 중요성에 대해 여러 환상적인 주장을 하고, 노예제로 인한 값싼 노동력에 의해 산업혁명이 실제로 일어났다고 주장하기까지 한다.

이들의 주장이 옳다면 이는 상당히 충격적인 일이다. 하지만 이들의 주장은 옳지 않다. 사실 이들의 연구는 무능 내지는 명백하게 정직하지 못한 것들이다. (뱁티스트의 인용 자료에서 임의로 추가하거나 누락한 부분이 발견됐다. 고의인지 실수인지는 뱁티스트만 알 것이다.) 경제학자 앨런 옴스테드Alan Olmstead와 폴 로드Paul Rhode는 「면화, 노예제, 그리고 자본주의의 새 역사」(2018)라는 논문에서 그들의 주장을 체계적으로 비판했다. 나는 '자본주의의 새 역사' 학자들이 저지른 실수들을 낭독하지 않겠다. 여기서는 통계 수치와 이들이 저지르는 가장 큰 실수들만 살펴보겠다.

베커트는 『면화의 제국』에서 노예 제도로 인해 미국인들이 엄청나게 값싼 노동력을 착취할 수 있었다고 주장한다. 이 제도 덕분에 자본가들은 환상적인 부, 노예들의 등에서 추출한 모든 잉여가치를 축적하게 됐다는 것이다. 하지만 베커트의 기본적인 주장은 확인되지 않는다. 옴스테드와 로드는 논문에서 이렇게 지적한다.

'제국'에서 가장 설명할 수 없는 주장 중 하나는, 남북전쟁 이전의 미국 면화 재배업자들이 값싼 노동력(재배업자들은 '세계에서 가장 싸고 가장 손쉽게 얻을 수 있는 노동력'이라고 불렀다)을 대량으로 공급받을 기회를 누렸다는 대목이다. 베커트는 인도와 소아시아에서는 미국 남부보다 노동력이 더 부족했다고 주장한다. 통계 자료가 시사하는 바는 다르다. 인도 북부 지역 자료에 따르면, 1850년경 인도의 일용직 농업 노동자 한 명을 1년 고용(300일 노동)하는 데 대략 15달러 80센트가 들었다고 한다.

이것은 미국 노예의 연간 식비, 주거비, 의료비, 의복비의 약 4분의

1에서 2분의 1에 해당한다. 1850년경 노예들의 연간 유지 비용의 추정치는 약 30~61달러다. 노예제 폐지론자인 제임스 크로퍼는 미국 노예의 생계와 명백하게 비교하지는 않았지만 "인도 벵골주처럼 임금이 최저 생계비 수준인 인구 고밀도 지역의 어디에서 남성 노예를 유지하는 것이 이익이 될 수 있겠는가?"라고 되묻는다.

결국 인도에서 목화 재배를 위해 인도인을 고용하는 것보다 노예를 빌려 1년간 일을 시키면 10배나 더 큰 비용이 들 수 있다는 것이 밝혀졌다. 노예는 특별히 좋은 방안이 아니었고, 특별히 저가의 노동력도 아니었다.

미국 노예들은 주로 목화 재배에 사용되었다. 목화는 의심할 여지 없이 미국 남부에, 그리고 미국과 영국의 섬유 산업에 중요한 작물이었다. 하지만 우리는 목화 생산의 가치를 과장해서는 안 된다. 옴스테드와 로드는 이렇게 말한다.

> 목화가 남북전쟁 이전의 미국 수출을 주도했다는 것은 널리 알려진 사실이었다. 그러나 수출은 총수입의 10분의 1도 되지 않았다. 목화 수출은 국민생산에서 차지하는 비중이 매우 작아 전쟁 이전 많은 기간에 5% 미만에 불과했다.

면화는 남북전쟁 이전 미국의 단일 품목으로는 최대 수출품이었지만 모든 수출품을 합한 금액은 미국 총소득의 10분의 1도 못 됐다. 면화는 전쟁 이전 미국 국민생산의 약 5%를 차지했다고 옴스테드와 로드는 추정한다. 1860년 미국 인구 조사는 미국 총생산액 19억 달러 중 모든 면화 상품 가액을 당시 달러 가치 기준으로 약 1억 2,000만 달러로 추정했다. 면화는 모두 합해 미국 제조업과 농업 생산액의 약 20분의 1을 차지했다. 물론 노예는 다른 목적으로 사용하였고, 당시 모든 면화가 노예에 의해 수확된 것은 아니었다.

그러나 에드워드 뱁티스트는 이처럼 면화의 비중이 작다는 것은 면화가 미국 경제를 완전히 지배하고 있다는 것을 실제로 의미한다며 이렇게 엉뚱한 주장을 편다. 저서 『절반은 언급된 적이 없다The Half Has Never Been Told』(2016)에서였다.

노예제 확대기에 면화가 미국 경제에서 차지하는 역할을 대충 설명하면 이렇다. 1836년 미국의 경제 활동 총액(생산된 모든 재화와 용역의 가치)은 약 15억 달러였다. 이 중 면화 수확량 총 파운드에 평균 가격 7,700만 달러를 곱한 총 가치는 전체 국내총생산(GDP)의 약 5%였다. 비율이 적어 보일지 모르지만 생계형 농업에 이어 두 번째로 큰 것이었다. 이 숫자도 면화 생산이 직접 창출한 재화와 용역을 겨우 측정한 것이다. 배에 실려 영국 리버풀로 가는 면화 화물과 보험료, 이자 등을 모두 합하면 1억 달러 이상이 됐을 것이다.

다음으로 목화 생산에 필요한 재화와 용역으로 구성된 2차 효과가 있다. 1836년에만 약 4,000만 달러의 노예 구매가 있었다. 토지 매입, 자금 변통 비용, 돼지고기와 옥수수 구매, 노예의 토지 개간용 도끼와 의복, 심지어 노예주인 가족들의 사치품 등 지출이 있었다. 이 모든 것이 약 1억 달러를 보탰을 것이다.

계산하기 어려운 3차 효과는 방앗간 노동자와 일리노이주 양돈 농가가 지출한 돈, 증기 선박 노동자들에게 지급된 임금, 그리고 상인, 제조업자, 노예 무역 업자들이 남서부 농장에서 번 돈에 의한 투자 수익 등이었다. 3차 효과에는 면화 무역의 영향이 큰 지역에서 지출한 달러가 포함된다. 이들 재화와 용역이 총 2억 달러가 됐을 것이다. 당시 대부분의 상업용 대출이 단기였던 것을 감안하면, 면화에 동원된 달러는 일 년에 두 번 돌아가 총 4억 달러가 된다. 이 모든 것을 합한 금액은 6억 달러 이상, 즉 1836년 미국 경제 활동의 거의 절반에 해당하는 금액이다. 미국 총인구의 6%인 약 100만 명에 이르는 노예들이 일선 농장에서 고생하며 생산한 면화로부터 직간접적으로 착취한 것이다.

놀라운 일이다. 미국 인구 조사와 역사적 통계에 따르면 남북전쟁 이전 미국 경제의 최대 5%를 차지하는 면화가 실제로 미국 경제의 절반을 설명한다니!

이 대목이 '자본주의의 새 역사'에 입각한 서술의 절대적 중심에 있다는 점을 명심해야 한다. 면화가 미국 생산량의 5%이고 노예가 많은 부분을 생산했다고 말하는 것은 그들에게 충분하지 않다. 그것은 누구나 받아들인다. 그들은 면화가 실제로 미국 경제 생산량의 절반과 영국 산업 생산량의 상당 부분을 설명한다고 주장하려고 한다. 그들은 면화가 산업혁명을 이끈 연료이자 미국의 자본 축적이 이루어진 기반이라고 주장하려고 한다. 그러나 문제는 이런 대목이 전혀 말도 안 되는 소리라는 것이다.

먼저 작은 오류부터 생각해 보자. 뱁티스트는 GDP에 포함되는 것과 포함되지 않는 것에서 몇 가지 실수를 한다. GDP는 최종 산출물을 측정하는 것이다. 여기에는 토지와 노예의 판매와 같은 자산 판매는 포함되지 않는다. 미국의 GDP에는 영국의 운송비와 보험료가 포함되지 않는 게 분명하다. 뱁티스트가 숫자를 부풀리고 있지만 비경제학자들은 이 점을 별것 아니라고 여길 것으로 나는 의심한다. (별것 아닌 게 아니다. 그는 자산 판매액을 따지고 다른 사람은 안 따진다면 그가 내세우는 비율은 엄청나게 부풀려질 것이다.)

뱁티스트는 다양한 재화나 용역의 가치에 대한 추정치를 제공한다. 하지만 경제학자 브래들리 핸슨Bradley Hansen이 표현하듯이, 이 숫자들은 뱁티스트가 허공에서 끌어온 것 같다. 그는 자료원이나 증거를 제시하지 않는다. 그가 '리버풀로 가는 면화 운송' 수치를 참고로 확인해 보라고 말하는 곳에는 운송과 보험 정보가 없으며 1836년 정보 역시 전혀 없다.

뱁티스트에게 상황은 더 나쁘다. 그의 말장난은 그냥 주워 온 게 아니다. 그는 숫자를 부풀리기 위해 여러 마법을 사용한다. 면화가 1836년 미국 생산량의 절반 정도를 설명한다는 결론을 내리기 위해서다. 그는 노예들이 생산한 면화의 가치만을 따지지 않는다. 그는 그 숫자에 면화를 만드는 데 사용된 모든 투입물의 가치를 더한다.

하지만 옴스테드와 로드가 지적했듯이, 그리고 우리가 경제학 개론에서 학부생들에게 가르치듯이 그것은 '이중 계산'이다. 내가 파이를 구워 10달러에 팔았다고 가정해 보자. 그것은 GDP로 10달러로 표시된다. 하지만 내가 "파이를 굽기 위해 4달러의 제빵 재료와 4달러의 노동력을 사용했다. 그래서 저 파이는 18달러의 경제 활동과 산출, 8달러의 투입, 그리고 10달러의 판매 가격을 나타낸다"고 말했다고 해보자. 이것은 잘못이다. 노동력과 재료의 가치 8달러는 이미 매출 10달러에 포함됐다.

뱁티스트가 한 계산이 바로 이런 것이다. 그는 그나마도 잘하지 못한다. 면화에 투입된 것 중 일부만 두 번 계산한다. 그는 기본적인 실수도 하고 실수한 것에서도 실수한다.

옴스테드와 로드는 논문에서 이 문제를 이렇게 요약한다.

예를 들어 뱁티스트는 1836년경 목화 생산액이 약 7,700만 달러로 평가되었으며 '전체 국내총생산의 5%'를 차지했다고 주장했다. 하지만 그는 이중 계산을 하고 국가 생산액 계산을 잘못해 목화의 역할을 1836년 미국 경제 활동의 거의 절반인 6억 달러 이상으로 부풀린다. 그는 이렇게 했다. 목화 생산에 사용된 투입물의 가치를 더한다. 이렇게 하면 목화 가격에 이미 포함되어 있던 비용이 이중 계산된다. 자산 판매액은 GDP의 일부로 계산되지 않는데도 그는 토지와 노예 거래액의 추정 가치를 추가한다. 더구나 이해가 안 되게도 그는 '방앗간 노동자들과 일리노이 주의 돼지 농장주들이 지출한 돈' 등을 덧붙인다. 목화의 역할을 몇 가지 다른 주요 생산품에 더하는 식의 이 잘못된 방법론을 확장하면, 그 금액은 GDP의 100%를 훌쩍 넘을 것이다. 물론 말도 안 되는 소리다.

만약 뱁티스트처럼 최종 생산물에 투입되는 모든 양을 별도로 세고, 최종 생산물에 연결된 모든 양을 별도로 세어 더한다면 뱁티스트가 했던 것보다 훨씬 더 큰 수치를 얻을 수 있을 것이다. 그래서 노예가 생산한 목화가 1836년 미국 GDP의 100% 이상의 가치가 있다는 결론을 내릴 수도 있을 것이다. 이것은 있을 수 없는 일이다.

뱁티스트에게 상황은 더 나쁘다. 뱁티스트는 면화와 연관된 모든 경제 활동을 찾아내려고 한다. 그는 이렇게 새로운 '3차 효과 활동'의 가치에 대한 난데없는 추정치를 더하고 이 추정치들을 자신의 최종 집계에 추가한다. 그 결과, 그는 미국 전체 생산량의 거의 절반이 노예가 생산한 면화에 바탕을 두고 있다는 결론을 내린다.

오류를 설명하기 위해 매년 10억 달러어치의 위젯을 생산하는 위젯 제작 기계가 있다고 상상해 보자. 기계에 있는 1달러짜리 볼트가 노예의 노동에 의해 만들어졌다고 가정해 보자. 그렇다면 위젯에 노예 노동이 기여한 바는 무엇인가? 정답은 1달러이다. 그런데 위에서 살펴본 논리를 사용한 뱁티스트의 대답은 10억 달러다.

경제학자 마이클 마코비Michael Makovi가 지적한 바와 같이, 상황은 더 악화한다. 뱁티스트는 1836년 미국의 모든 면화를 만드는 데 1억 2,300만 달러가 들었다고 추산(사실상 발명)했다. 그는 면화 자체가 직접적으로 7,700만 달러의 가치가 있었다고 주장한다. 면화를 배송하고 보험에 가입하려면 2,300만 달러가 더 필요하다. 하지만 배송비와 보험료는 모두 비용이다. 그는 또 다른 1억 달러의 생산비를 언급하고(사실상 꾸며내고) 있다. 그는 이 모든 비용이 합쳐져서 약 1억 달러가 더 발생했다고 말하고 있다.

제3장에서 언급한 바와 같이, 이윤은 수입에서 비용을 뺀 것이다. 그러므로 뱁티스트가 제시한 수치로 볼 때, 그는 면화가 엄청나게 이윤이 나고 미국의 번영에 어떤 식으로든 기여했다고 단정해서는 안 된다. 오히려 면화 매출이 7,700만 달러였고 생산비가 1억 2,300만 달러였다면 면화 생산은 연간 4,600만 달러 적자이다. 뱁티스트는 자신이 지어낸 수치로 볼 때, 면화가 미국의 놀랄 만한 경제적 번영을 설명한다고 주장해서는 안 된다. 오히려 그는 어떻게 매년 면화 생산이 초래한 엄청난 경제적 파괴에도 불구하고 미국이 부유해졌는지 궁금해해야 할 것이다.

'자본주의의 새 역사' 연구자들이 핵심적으로 주장하는 바에는 몇 가지 문제점이 있다. 하나는 노예 제도가 이 역사가들이 주장하는 것처럼 미국의 번영에 엔진 역할을 했다면, 노예 제도 폐지는 미국 경제에 충격적인 일이었어야 했다. 1865년 노예 제도가 폐지되었을 때 GDP가 급격히 감소했을 것으로 예상할 수 있다.

그러나 매디슨의 과거 GDP 자료에서 1865년 노예 제도 폐지 전후의 미국 경제를 보면 대규모 붕괴가 일어나지 않았다는 것을 확인할 수 있다. 1인당 GDP가 아니라 GDP로 따져봐도 붕괴는 보지 못했을 것이다. 매디슨의 자료에 따르면 1990년 달러 불변 가격으로 미국의 GDP는 1860년 690억 달러에서 1870년 980억 달러, 1880년 1,600억 달러로 꾸준히 증가한다.

또 다른 문제는 이것이다. 남북전쟁 때, 연방은 남부 연합에 대해 금수 조치와 봉쇄 조치를 취했고 그들의 면화 수출 능력과 다른 지역의 수입 능력을 꺾어 버렸다. 이렇게 했어도 다른 곳에서는 경제가 붕괴하지 않았다. 오히려 나머지 세계 국가들은 이집트와 인도에서 면화를 사서 평소와 똑같이 했다.

분명히 해두자. 어떤 사람들은 노예 제도를 통해 정말로 이익을 챙겼다. 노예들은 이익을 위해 착취당했다. 노예 제도는 끔찍한 악이었다. 면화는 미국 경제에서 정말로 중요한 부분을 차지하고 있었다. 하지만 베커트나 존슨, 뱁티스트는 일반적으로 노예가 생산한 면화나 노예 제도가 미국 자본주의나 세계 자본주의의 성공을 설명해 주거나 미국의 생활 수준과 자본 축적이 1800년대에 그렇게 급속하게 개선된 이유를 설명해 준다는 증거를 전혀 제시하지 못했다. 뱁티스트가 밝힌 수치를 보면, 면화는 엄청나게 수익성이 없었고 연간 손실률도 50%가 넘었다. 그 수치들은 노예 제도가 과거나 오늘날 미국의 번영을 설명해 준다는 사실을 보여 주지 못했다. 뱁티스트는 엄밀한 수학적 논거를 제시하고 있지만, 그의 논거는 대학생들도 저지르지 말아야 한다고 알고 있는 초보적인 계산 실수에 기초하고 있다.

뱁티스트에게 자선을 베풀어 해석하자면 이렇다. 그는 미국의 전쟁 이전 경제가 거대한 기계라고 파악하고 목화가 핵심적인 부분을 차지하고 있다고 생각한다. 그는 만일 목화 생산을 막으면 기계의 절반 정도를 폐쇄하는 것이라고 여긴다. 하지만 그는 확실히 그것을 보여 주지 못하고 있다. 목화 사용자들은 인도나 다른 곳에서 목화를 구입할 수 있었다. 그들은 공장에서 면화 제품이 아니라 다른 품목을 생산할 수 있었다. 실제로 1860년 제조업 생산의 약 6~7%만이 목화를 기반으로 했다.

하지만 우리가 자선을 베풀어도 뱁티스트의 방법은 올바른 것이 아니다. 예를 들어, 내가 당신의 10만 달러짜리 벤츠 타이어에서 공기를 뺀다고 가정해 보자. 이제 당신은 이 차를 운전할 수 없다. 그렇다고 해서 타이어 안의 공기가 10만 달러의 가치가 있다고 결론짓는 것은 잘못된 일일 것이다. 공기의 가치는 이를 대체하는 데 드는 비용인 약 1.5달러이다. 벤츠가 달리려면 공기가 필요하겠지만 당신은 벤츠의 총 가치에 공기가 기여했다고 인정하지 않는다. 마찬가지로 당신은 면화가 미국 경제 발전의 절반에 기여했다고 인정하지 않을 것이다. 미국 경제의 절반이 면화 없이는 달릴 수 없는 기계와 같다는 뱁티스트의 잘못된 주장을 받아들인다고 해도 말이다.

'자본주의의 새 역사' 학자들은 미국과 세계의 번영이 노예 노동에서 비롯된다고 (성공적이지 못하게) 주장함으로써 미국 등의 번영에 흠집을 내려 하고 있다. 하지만 역사학자 필립 매그니스Phillip Magness가 지적한 바와 같이, 족보에 흠집 내기 같은 방식은 '자본주의의 새 역사' 학자 자신들에게도 불리하게 작용하고 있다.

이들의 주장은 전혀 새로운 것이 아니다. 오히려 1850년대 (그리고 미래에도) 노예제를 옹호하는 남부 사람들도 바로 그와 같은 주장을 폈다. 이들은 목화가 미국과 세계의 번영을 설명해 주었으며, 전 세계의 산업 생산은 노예가 생산한 미국산 목화에 의존하고 있다고 주장했다. 이들은 그러한 이유로 노예제를 폐지하는 것은 좋지 않은 생각이라고 주장했다. '자본주의의 새 역사' 학자는 노예제를 이유로 자본주의를 비난하려고 하지만, 그렇게 하려면 남부 연합 외교관들이 노예제를 옹호할 때 사용했던 주장을 그대로 되풀이해야 할 처지다.

돈을 버는 데는 불의가 필요하지 않다

　우리는 부유한 사람들과 이윤을 남기는 기업들을 의심하는 경향이 있다. 우리는 다른 사람이 돈을 번다면, 그것은 반드시 또 다른 사람의 희생에서 나오는 것으로 추정하는 경향이 있다. 우리는 세상을 제로섬 조건으로 본다. 제4장에서 나는 시장 경제에서 보통 이런 것은 잘못이라고 주장했다. 우리는 다른 사람으로부터 빼앗아서가 아니라 다른 사람에게 봉사해 부자가 되는 것이다.

　좀 더 거시적인 차원에서 보면, 일반적으로 부유한 나라와 가난한 나라 사이의 차이는 역사적인 부당함 때문이라고 많은 이들이 생각한다. 자원 이론은 부유한 나라들은 운이 좋게도 좋은 천연자원을 그냥 갖게 됐고, 가난한 나라들은 운이 나쁘게도 천연자원이 별로 없다고 해석한다. 제국주의 이론은 부유한 나라들은 유럽의 식민지 시대에 가난한 나라들을 약탈했기 때문이라고 해석한다. 노예 이론은 미국, 그리고 미국의 과거 대규모 무역 상대국 몇몇이 노예 제도를 실행했기 때문에 부자가 됐다고 주장한다.

세 이론 모두 현재와 과거의 번영은 도덕적으로 자의적(자원 이론의 경우)이거나 도덕적으로 혐오스러운 이유(제국주의 이론과 노예 이론의 경우)에서 비롯되었다고 주장한다. 그러나 이 세 이론은 정밀 조사를 하면 나가떨어지고 만다.

경제학의 일치된 견해가 있다. 부유한 나라는 인적 자본, 물적 자본에 대한 무역과 투자를 육성하고 장려하는 포용적 제도가 있었기 때문에 부자가 되었다는 것이다. 반면에 가난한 나라는 무역과 그러한 투자를 방해하는 역기능적 제도가 있었기 때문에 가난하게 남게 되었다. 여기에는 부유한 나라의 사람들이 가난한 나라의 사람들보다 더 훌륭하다는 말은 한마디도 없다. 한 나라가 좋은 제도를 갖게 되느냐 나쁜 제도를 갖게 되느냐 하는 것은 종종 역사 속에서 어쩌다 터지는 사고다. 아울러 지도자들은 이러한 나쁜 제도를 시행하고 지속시키는 데 이해관계를 갖는 경우가 많다.

여기서 나는 배상이 정당한지 부당한지를 두고 어떤 주장을 펼치려는 것이 아니다. 그것은 훨씬 더 복잡한 문제이다. 내 주장의 요점은 좀 더 제한적이다. 오늘날 부유한 나라들은 비록 그들의 과거가 부당한 일들로 가득 차 있지만 그 일들 때문이 부유해진 것은 아니라는 점이다.

이것의 결론은, 여러분 개인이 돈을 벌거나 이익을 얻는 것에 대해 나쁘게 생각할 필요가 없듯이, 여러분의 나라가 부자가 되는 것에 대해 나쁘게 생각할 필요가 없다는 것이다. 돈을 버는 데는 불의가 필요한 게 아니며, 부자가 되는 나라들은 불의가 필요하지 않았고 불의에 의지하지도 않았다. 맞다.

노예제와 제국주의는 끔찍한 죄악이었다. 여기서 나는 이러한 역사적 악에 대응하기 위해 오늘날 우리가 무엇을 해야 하는지에 대해 아무런 입장도 취하지 않는다. 하지만 영국의 번영이 대영제국에서 비롯되었다거나, 미국의 번영이 노예 제도로부터 비롯되었다고 주장하는 것은 잘못된 것이다.

제6장

지금 나누어줄까?

나는 제5장에 이르기까지 돈을 사랑하거나 더 갖고 싶어 해도 괜찮다고 주장했다. 돈은 우리를 자유롭게 한다. 돈은 우리가 더 나은, 더 건강한, 더 진실한 삶을 살 수 있도록 도와준다. 우리가 전 세계로부터 문화와 지식을 더 많이 접할 수 있게 해준다. 돈에는 본질적으로 더러운 게 없다. 돈이 우리를 타락시킨다는 증거도 거의 없다. 그래서 나는 정직한 거래로 돈을 버는 한, 돈을 벌어도 괜찮다고 주장했다. 정상적인 시장 환경에서 당신이 이익을 얻는다는 것은 당신이 다른 사람들을 위해 봉사하고 돕는다는 표시다. 그들을 해치고 착취한다는 표시가 아니다.

나는 또한 오늘날 부자 나라들이 누리는 부는 나쁜 방법으로 확보한 이득이나 초기의 불공평한 천연자원 분배의 결과가 아니라고 주장했다.

마지막으로 해결해야 할 큰 과제가 하나 더 있다. '돈이 생기면 그 돈을 모두 나누어주어야만 하는가? 우리 모두 결코 갚을 수 없는 막대한 빚을

사회에 지고 있는가? 아니면 이렇게 많은 사람이 가난한데 내가 부자가 되는 것은 잘못된 것인가?'

제6장에서 나는 위의 세 가지 질문에 대한 답이 모두 '아니오'라고 주장한다. 그렇다. 당신은 누군가를 도와야 하지만 어느 시점에서 당신은 당신의 몫을 다했고 삶을 누릴 특권을 가지고 있다.

어떤 사람들은 우리가 '사회에 대한 빚' 속에서 살고 있다고 생각한다. 사회에서 벗어난 삶은 고약하고, 가난하고, 잔인하고, 짧을 것이다. 당신은 제도와 규범 속에서 다른 사람들과 상호 작용하고 거래함으로써 이익을 얻는다. 그렇게 살아간다.

당신은 당신을 필요로 하지 않는 세상에서 굶주리고 가난하게 태어났다. 당신의 부모나 보호자가 당신을 돕는 것 외에도, 다른 사람들은 당신의 교육을 지원하기 위해 세금을 낸다. 당신이 과학자이든 사업가이든, 당신은 거인들의 등에 올라타고 과거의 지식 발견으로부터 이익을 얻는다. 당신이 부유한 한 가지 이유는 과거의 자본 축적으로부터 이익을 얻기 때문이다.

이런 것들을 돌아보면, 당신이 번 돈은 사회에 얼마나 많은 빚을 겼는지에 대한 척도라고 결론 내리고 싶은 마음이 생긴다. 그리고 내가 '갚아야 한다'는 결론을 내릴까 하는 생각이 든다.

조상이 우리에게 남겨 준 좋은 것들에 대해 우리는 보답할 길이 없다. 그저 그분들께 감사해할 뿐이다. 모든 일이 잘 풀리면 우리도 후손들을 위해 똑같이 할 것이다. 다음 장에서 더 자세히 살펴보겠지만, 우리는 100년 후의 후손들이 우리보다 훨씬 더 부자가 될 것을 기대할 수 있다. 우리는 조상들에게 갚지 못하지만 후손에게는 갚을 수 있다.

사회적 부채론의 또 다른 문제점이 있다. 경쟁이 치열한 산업에서 정상적인 일을 하고 있다면, 우리가 급여를 받았을 때 그냥 받는 게 아니라는 점이다. 제3장으로 돌아가 이윤은 어디에서 나오고 거래는 어떻게 이뤄지는지 다시 읽어 보라. 경쟁이 치열한 시장에서 만약 당신이 10만 달러의 수입을 집에 가져간다면, 당신은 다른 사람들에게도 10만 달러 이상의 가치를 가져다준 것이다. 당신은 가져간 시간과 똑같은 시간을 돌려주었다. 아직 갚지 않은 빚은 없다.

이 점에 대해 철학자 데이비드 슈미츠David Schmidtz는 『정의의 요소 Elements of Justice』(2006)라는 책에서 이렇게 덧붙인다.

> 만약 제인이라는 사람이 상호 이익이 되는 네트워크에 참여한다면, 그녀는 그 네트워크를 구성하고 유지하기 위해 자신의 몫을 어느 정도 하는 것이다. 만일 제인이 우리 사회에서 평균적인 보상을 받는다면, 그녀는 (100년 전 토머스 에디슨Thomas Edison이 상상만 할 수 있었던 것보다 더 큰) 엄청난 가치의 패키지를 받는 것이다. 모든 사람이 작은 일을 한 결과로 거의 모든 사람에게 큰 이익을 준다. 이런 사실 때문에 제인은 기업의 일원이 되는 것에 감사하는 마음을 가져도 된다. 모두가 작은 일을 하고 있다면, 작은 일을 하는 게 제인의 몫이다.

애덤 스미스가 『국부론』 제1장에서 말했듯이, 거래를 통해 얻거나 거래 네트워크 참여에서 얻는 이득은 시장의 크기, 전문화의 정도, 그리고 경제의 기술 수준에 달려 있다. 우리와 같은 경제에서 사람은 적은 노력으로 높은 보상을 받을 수 있다. (당신은 중세 소작농보다 훨씬 더 많은 급여를 받으면서도 그들보다 훨씬 더 열심히 일하지는 않는다.) 그렇다고 해서 당신이 자신의 몫을 다하지 않았다는 뜻은 아니다. 우리 모두 올바른 방식으로 함께 일하면 적은 일을 해도 큰 몫의 보상을 받는다.

나는 1870년의 평균 미국인보다 1년에 1,000시간 적게 일할지도 모른다. (게다가 나의 일은 훨씬 더 즐겁다.) 그렇지만 나는 물가 상승을 반영하고도 일주일 만에 그들이 1년간 벌었던 것보다 더 많은 돈을 번다. 내가 사회를 위해 한 일이 그들보다 더 적은 게 틀림없다고 결론 내리고 싶은 마음이 또 든다. 하지만 그렇게 하지 않는다. 노력은 투입 비용을 따지는 것이지, 산출물의 가치를 측정해서 따지지 않는다. 현대 생활의 기적은 오늘날 나의 더 적은 투입량으로도 1870년의 투입량에 비해 산출을 더 많이 한다는 것이다. 나는 노력을 덜 했어도 더 많이 기여한다.

여러분도 마찬가지다. 여러분은 일을 많이 하지 않았거나 열심히 하지 않았음에도 불구하고, 1850년의 평균적인 사람들보다 다른 사람들을 위해 훨씬 더 많은 일을 한다.

임금에 관한 경제학을 좀 더 자세히 살펴보자. 경쟁이 치열한 시장에서 영리 기업들은 이윤을 늘리기 위해 노동자들을 고용한다. 기업은 자신의 이윤을 극대화하기를 원한다. 기업은 노동자를 추가로 고용하는 것이 이익이 되는 한 계속 고용한다. 즉 추가 고용에 따른 비용 증가보다 회사 수익 증가가 더 많다면 계속해서 추가로 고용한다.

경쟁 시장에서 기업과 노동자들은 모두 특별한 협상력을 가지고 있지 않다. 어느 한쪽이 상대방에게 불리한 거래를 강요할 수 없다. 기업은 노동자들의 한계 생산물보다 훨씬 낮은 임금을 제공할 수 없다. 다른 기업이 그 노동자들에게 더 많은 임금을 제시해 이익을 얻을 수 있기 때문이다. 또한 노동자들은 자신들의 한계 생산물보다 훨씬 높은 임금을 요구할 수 없다. 다른 노동자들이 더 적은 임금을 제시해 이익을 얻을 수 있기 때문이다.

그래서 경쟁 시장에서 균형 임금은 노동자의 한계 생산물과 동일한 경향을 보일 것이다. 한계 노동자가 시간당 15달러의 가치를 생산한다면, 그는 시간당 15달러를 벌 것이다. 만약 그가 더 많이 생산한다면 더 많이 벌 것이고, 더 적게 생산한다면 더 적게 벌 것이다.

지금까지는 노동 시장에 대한 경제학 개론 수준의 분석이다. 노동 경제학이 다루는 진전된 질문은 실물 시장이 왜 이 기본 모형으로부터 여러 방식으로 이탈하는가에 관한 것이다. 예를 들어 일부 경제학자들은 경제학 개론의 모형이 완전한 정보를 가정하고 고용주 탐색 비용을 고려하지 않는다고 말한다. 노동자들이 한계 생산물보다 약간 적은 임금을 받는다는 것이다.

이것이 중요한 이유는 이렇다. 제4장에서 보았듯이, 재화나 용역을 거래할 때는 받는 만큼 돈을 낸다. 한쪽은 재화나 용역을 받아서 이익을 보고 다른 쪽은 돈을 받아 이익을 낸다. 노동에서도 같은 원리가 성립한다. 당신의 이윤은 당신이 우리와 함께 살고 일함으로써 얻는 것의 부분적인 측정치일 수 있다. 그것은 또한 당신이 다른 사람들과 협력 체계에 기여하는 것의 척도일 수도 있다. 당신은 더 많은 이윤을 얻음으로써 더 많은 부채를 얻는 것이 아니라, 이윤을 얻으면서 동시에 다른 사람들도 이윤을 얻게 만드는 것이다. 당신은 그런 식으로 지불하고 있다.

슈미츠는 『정의의 요소』에서 '훌륭한 자동차 정비공은 자동차를 고치면서 세금을 내는 것 이상으로 사회를 위해 더 많은 일을 한다'고 적었다. 우리가 사회에 등장해 우리 일을 하는 것만으로도 사회에 봉사하고 있다는 말이다. 우리는 헤아릴 수 없는 부채에서 벗어나기 위해 추가로 무엇인가를 할 필요가 없다.

우리는 고객에게 직접적인 서비스만 제공하는 게 아니다. 우리는 대규모 분업에 기여하고 그것을 유지한다. 그렇게 해서 부, 기회, 자유라는 배경 조건을 만들고 유지하도록 동시에 도움을 준다. 우리는 제1장에서 설명한 모든 혜택을 낳는 확장된 협력 체계를 만들고 유지한다.

다른 사람보다 잘산다는 것

나의 친척 중 한 명은 큰돈을 들여 휴가를 보내면서도, 다른 사람들처럼 자신도 소박하게 살겠다고 종종 떠들어 댄다. 나의 페이스북 친구들 가운데 여러 명은 800달러짜리 스마트폰을 사용해 같은 내용의 메시지를 담은 예쁜 밈을 올린다.

그 메시지를 올리는 이들은 그래야만 할 것 같은 도덕적 교훈에 빠져 있는 걸지도 모른다. 물론 그들의 메시지가 잘못되었다는 것은 아니다. 돈을 벌려는 것도 괜찮고 돈을 더 원하는 것도 아무 문제가 없다. 어쩌면 다른 사람들은 당신보다 더 돈을 원할 것이다.

다른 사람들은 죽어가는데 혼자 잘사는 것은 잘못된 것일지도 모른다. 전 세계의 수많은 사람이 극심한 가난 속에 살거나 절망 속에서 살 때 그 많은 사치품을 소비하는 건 잘못된 것일지도 모른다. 다른 사람들이 먹지 못할 때 그렇게 많이 먹는 것은 잘못된 것일지도 모른다.

코미디언 루이스 케이Louis C. K.는 이런 말을 한 적이 있다. 유튜브에 올라 있는 내용이다.

나의 인생은 정말 사악하다. 세상에는 굶주리는 사람들이 많은데 나는 인피니티를 운전한다. 그건 악이다. 태어나서 "아, 배고파"라고 말하고는 그냥 죽어 버리는 사람들이 있다. 반면에 나는 내 차 안에서 쿵쿵 소리를 내며 즐겁게 시간을 보내고 아기처럼 잔다. 나는 인피니티를 포드 포커스처럼 약간 싸지만 괜찮은 차와 바꿀 수 있다. 그래서 2만 달러 정도를 돌려받아 그 돈으로 수백 명이 굶어 죽는 것을 막을 수 있다. 그런데 나는 매일 그것을 하지 않는다.

이런 추론은 가난한 대학생에게도 적용된다. 이 책을 읽는 사람은 아마도 오늘날 세계 상위 20% 이상의 부자에 속할 것이다. 당신은 역사 속 대부분의 사람은 말할 것도 없고, 오늘날 대부분의 사람이 누리는 것보다 훨씬 높은 생활 수준을 누리고 있을 것이다. 당신은 스스로 사치품을 덜 소비하고 남은 돈을 다른 사람들을 돕는 데 사용할 수 있다. 그렇게 해야 하는가?

당신은 다른 사람을 돕기 위해 돈을 절약할 수 있다. 당신이 매일 근무 시간에 스타벅스 커피를 산다고 가정해 보자. 1년에 260일 일하고 커피 한 잔당 평균 4달러라고 한다면 당신은 1년에 1,040달러를 커피값으로 쓴다. 하지만 커피를 사 마시는 대신 당신은 회사 휴게실에서 무료 드립 커피를 마시면 세계에서 가장 가난한 지역에 사는 약 30명을 실명 위기로부터 구할 수 있다.

왜 거기서 그치는가? 넷플릭스 구독을 취소하고, 외식을 중단하고, 술을 덜 마시고, 덜 비싼 여행을 갈 수도 있다. 맥북 대신 저렴한 크롬북을 사용할 수도 있다. 더 값싼 자동차로 바꿀 수도 있고, 자전거를 타고 출근할 수도 있다. 옷장을 4분의 1 크기로 줄일 수도 있다. 학비가 비싼 대학 대신 2년간 커뮤니티 칼리지에 다닐 수도 있다. 아파트 대신 원룸에서 살 수도 있다. 이렇게 절약해 저축하는 돈으로 몇 명의 생명을 구할 수 있다.

상식적인 도덕 기준은 다른 사람들을 돕기 위해 약간의 돈을 내면 된다고 당신에게 말한다. 가처분 소득이 많은 사람이 더 많이 내야 한다고 주장한다. 그러나 동시에 '자신보다 더 가난한 사람들을 돕기 위해 자신을 가난하게 만들지는 않아야 된다'고 주장한다. 어쩌면 당신은 충분히 할 만큼 했고 사치를 즐길 수 있는 특권을 가지고 있다.

일부 철학자와 종교 지도자는 이러한 상식적인 견해가 너무 느슨하다고 생각한다. 다른 사람들은 심하게 박탈당한 상태인데 누군가가 사치품을 소비하는 것은 잘못이라고 생각한다. 그들은 우리가 여분의 돈을 모두 나누어주어야 한다고 생각한다.

누구 말이 맞는가? 우리는 어떻게 알 수 있을까?

피터 싱어의 기본 주장

철학자 피터 싱어Peter Singer는 1972년 「기근, 풍요, 그리고 도덕」이라는 유명한 논문을 썼다. 자선의 의무가 상식 차원의 도덕성보다 훨씬 더 절박하다고 주장하는 내용이다. 싱어는 우리가 여분의 수입과 부의 거의 전부를 다양한 자선 단체에 기부해야 한다고 주장한다.

싱어의 기본 주장은 다음과 같다.

1. 식량, 쉼터, 의료 부족으로 인한 고통과 죽음은 나쁜 것이다.
2. 싱어 원칙(강한 버전) : 만약 도덕적으로 중요한 것을 희생하지 않고 나쁜 일이 일어나지 않도록 막을 힘이 우리 손에 있다면 우리는 도덕적으로 그렇게 해야만 한다.
3. 경험적 전제 : 식량, 쉼터, 의료 부족으로 인한 고통과 죽음을 막을 힘이 우리 손에 있다. 그리고 우리는 효과적인 자선 단체에 많은 돈

을 기부할 수 있다.

4. 결론 : 그러므로 우리는 자선 단체나 정부에 많은 돈을 기부해야
한다.

전제 1과 2는 규범적 주장이며 좋은 것과 나쁜 것, 우리가 해야 할 일
을 말한다. 전제 3은 경험적 주장이며 자선 단체에 기부함으로써 고통과
죽음을 멈출 수 있는 능력이 우리에게 있다는 것이다.

싱어의 말이 맞고 타당한 주장이라고 가정하자. 또 생명을 구할 수 있
는 효과적인 자선 단체를 쉽게 알아볼 수 있다고 가정하자. 그렇다면 우
리가 얼마나 기부해야 할까?

싱어 원칙은 도덕적으로 중요한 것을 희생하지 않고 나쁜 일이 일어나
는 것을 막을 수 있다면 그렇게 해야 한다는 것이다.

그것은 부유한 제1세계 국가에 살고 있는 우리 대부분은 수입과 부를
거의 전액 기부해야 한다는 것을 의미한다. 누군가가 죽는 것을 막는 것
이 티셔츠나 게임 패키지를 많이 가지고 있는 것보다 도덕적으로 더 중요
하다는 것이다. 실명 위험을 치료받게 해주는 것은 당신의 휴가보다, 심
지어 검소한 휴가보다 더 중요하며 자녀들에게 크리스마스나 생일 선물
을 주는 것보다 기아를 막는 것이 더 중요하다는 말이다.

이 주장이 맞다면 보석, 취미, 휴가, 비싼 외식, 화려한 음식, 철학 책,
엄밀하게 말해 당신이 필요하지 않은 어떤 것에도 돈을 쓰지 말라는 뜻이
다. 당신이 소비하는 거의 모든 것은 당신에게 꼭 필요한 게 아니다. 당신
은 소비한 돈을 실명 치료나 기아와 질병을 막는 데 사용할 수도 있었다.

싱어는 이 주장을 일부 순화하기도 했다. 강한 버전의 싱어 원칙을 약
한 버전으로 대체한다.

싱어 원칙 (약한 버전) : 만약 도덕적으로 중요한 것을 희생하지 않고
나쁜 일이 일어나는 것을 막을 힘이 우리 손에 있다면 우리는 도덕
적으로 그것을 할 수 있다.

이 버전은 당신에게 덜 필요한 것들을 더 소비할 수 있게 허용해 준다.
예를 들어, 내가 아이들에게 생일 선물을 주는 것은 도덕적으로 중요한
의미가 있다. 그래서 나는 아이들에게 애정을 표현하고 가족 관계를 유지
하기 위해 작은 물건을 살 수 있다. 엄밀하게 말해 이런 선물들이 생명을
구하는 것만큼 중요하지는 않지만 말이다. 당신은 고급 차는 살 수 없어
도 중고 경차는 살 수 있다. 저렴한 휴가는 갈 수 있다. 기타 등등.

하지만 이런 약한 버전조차도 우리 대부분의 삶에서 엄청난 변화가 필
요하다. 강한 버전은 세후 수입의 60~70%를 기부해야 하고, 약한 버전
은 35%를 기부해야 하는 것 같다.

나는 로드 아일랜드 주에 있는 아이비리그 학교인 브라운 대학의 박사
과정 연구원 시절에 싱어의 논문을 처음 가르쳤다. 한 학생이 그것에 공
감하면서 "그거야, 부자들을 담가 버려!"라고 외쳤던 것을 기억한다. 나
는 대답했다. "네가 바로 부자야. 그는 자네에게 말하는 거야."

당시 대학 신문은 학부 1학년 학생들의 가구 소득 중간값이 거의 30만
달러라는 통계를 막 보도하고 있었다. 이 학생들 대부분은 미국 기준으
로도 부유한 가정 출신들이다.

싱어의 주장에 비춰 보면 미국의 거의 모든 사람이 부자다. 스스로 확
인해 보라. 글로벌리치리스트닷컴Globalrichlist.com은 UN 통계를 사용해
사람들이 전 세계 소득 분포에서 어느 정도의 위치에 있는지 추정한다.
(현재 이 사이트는 이런 정보를 제공하지 않는다. 대신 givingwhatwecan.org 사이트에서 관련 정

보를 볼 수 있다. - 옮긴이) 당신이 1년에 1만 5,000달러에 약간 못 미치게 번다고 해보자. 이곳의 높은 생활비 수준을 감안해도 당신은 가장 부유한 8%에 속한다. 이래도 당신에게 여유가 없는가? 글로벌리치리스트는 가나의 평균적인 사람은 내가 1년에 버는 돈을 벌기 위해 약 2,500년을 일해야 한다고 말한다.

그것이 싱어 주장의 기본 구조이고 기본적인 귀결이다. 아직까지도 납득이 안 될 수도 있다. 싱어가 당신의 생각을 바꿀 수 있을지 한번 보자.

'물에 빠진 한 아이' 사고 실험

싱어 주장의 전제 2가 그럴듯하게 들릴지도 모른다. 그러나 그것은 대부분의 사람들이 지지할 준비가 되어 있지 않은 매우 까다로운 결론에 이르게 한다. 지금까지 실제로 행해진 모든 주장이 우리에게 딜레마이다. 전제 2를 거부하든지 아니면 결론 4를 받아들이든지 해야 한다.

싱어는 강력한 사고 실험을 통해 최소한 약한 버전의 싱어 원칙을 수용할 수 있는 강력한 근거를 제시하고 있다.

얕은 연못을 지나다가 물에 빠진 한 아이를 본다면, 나는 걸어 들어가서 그 아이를 끌어내야만 한다. 내 옷은 진흙투성이가 되겠지만 그것은 중요하지 않으며 아이의 죽음은 아마도 매우 나쁜 일일 것이다.

이 사고 실험을 더 명확한 형태로 바꿔 보자. 물에 빠진 한 아이를 구하기 위해 희생해야 할 정확한 값을 매기는 실험이다.

물에 빠진 한 아이

여러분이 공원을 걷고 있는데 물에 빠진 한 아이가 보인다. 여러분은 쉽게 손을 뻗어 그 아이를 구할 수 있지만, 그렇게 하면 여러분은 3,337.06달러를 잃게 되고 그 돈은 바람에 날아가 영원히 사라질 것이다. 여러분은 그 아이를 구할 의무가 있는가?

참고로 3,337.06달러라는 금액은 사고 실험을 위한 이상하지만 구체적인 숫자이다. 미국 인터넷 신문 「비즈니스 인사이더Business Insider」는 이 금액이 한 생명을 구하기 위해 당신이 자선 단체에 낼 수 있는 최저 금액이라고 소개했다.

거의 모든 사람이 '그렇다'고 대답하니, 당신도 그 아이를 구해야 할 의무가 있다. 그들은 아이를 구하는 것이 친절한 일이라고 단정 짓는 것이 아니다. 오히려 당신은 반드시 아이를 구해야 하고 그렇게 하지 않는 것이 잘못된 것이라고 말한다. 아마도 그들은 당신이 자신이나 사랑하는 사람을 구하기 위해 3,337.06달러가 절실하게 필요하다면 물에 빠진 아이를 구하는 것을 면제해 줄지도 모른다. 그런 경우가 아니고 당신이 별로 필요로 하지 않는 것들에 그 3,337.06달러를 쓰려고 한다면, 그들은 당신이 반드시 그 아이를 구해야 한다고 결론짓는다.

여러분은 "그게 왜 내 책임인가? 아이의 부모나 보호자가 구해야 하는 것 아닌가?"라고 반박할 수도 있다. 싱어는 부모나 보호자는 당연히 그렇게 해야 한다고 답한다. 하지만 당신이 물에 빠진 한 아이를 보았을 때 부모나 구경꾼들은 아무 일도 하지 않고 방관하고 있었다고 가정해 보자. 그렇다고 당신 역시 그 아이를 구하지 않아도 괜찮다고 결론짓지는 않을 것이다. 다른 사람들이 먼저 아이를 구했어야 하지만, 그런 상황이 아니라면 당신이 아이를 구해야 한다고 결론지을 것이다.

싱어는 이렇게 묻는다. 여러분이 3,337.06달러의 비용이 들더라도 가상의 물에 빠진 한 아이를 구해야 한다고 생각하니 지금 당장 실제 아이를 구하는 것은 어떨까? 물에 빠진 한 아이의 변형 버전을 생각해 보자.

굶주린 한 아이

지구 반대편에 굶주리는 한 아이가 있다. 여러분은 쉽게 손을 뻗어 그 아이를 구할 수 있다. 그러려면 당신이 3,337.06달러짜리 휴가를 가지 않고 대신 자선 단체에 그 돈을 기부해야만 한다.

이 경우는 처음 사례와는 분명한 심리적 차이가 있어서 우리가 다르게 행동하는 이유를 설명해 준다. 실제로 물에 빠진 아이를 보면 우리는 그 아이에게 즉시 공감하고 아이를 구하기 위해 모든 것을 내던진다. 반면에 고통받는 아이 이야기를 읽는다고 해서 똑같은 공감적 반응이 나타나는 것은 아니다.

통계가 우리의 마음을 아프게 하는 것은 아니다. 눈앞의 일에 대한 반응과 단순히 알고 있는 일에 대한 반응은 다르다. 제4장에서 주장했듯이, 우리의 도덕 심리는 전 세계의 낯선 사람들과 협력하거나 영향을 미칠 수 있는 넓은 세계가 아니라 소그룹 내의 대면적 상호 작용을 위해 진화했기 때문이다.

하지만 싱어는, 두 경우 사이에 심리적인 차이는 있을지 모르지만, 도덕적인 차이는 없다고 말한다. 우리가 물에 빠진 아이를 보고 구하는 데 전념한다면, 보이지 않는 죽어 가는 아이들을 구하는 데도 헌신해야 한다는 것이다.

자선 단체에 3,337.06달러를 내도 아무런 도움이 되지 않을까 봐 걱정할 수도 있다. 물에 빠진 아이를 꺼내면 그 아이를 구했다는 것을 안다. 하지만 자선 단체에 기부해도 아마 여러분이 한 일은 관리자용 노트북을 사 준 것뿐일 수도 있다. 많이 기부해 봐야 별 소용이 없으며 어떤 경우는 더 나쁠 수도 있다. 그것이 합리적인 걱정이라고 싱어는 말한다.

어떤 자선 단체에 기부하는 것이 효과가 있는지 여부를 판단하기 위해 조사할 수도 있다. 당신은 철학자 윌리엄 맥어스킬William MacAskill의 멋진 책『좋은 일을 잘 하기Doing Good Better』에서 자선 단체가 효과적인지, 효과적이 아닌지, 또는 해로운지를 평가하는 방법에 대한 조언을 얻을 수 있다. 「기브웰GiveWell.org」은 자선의 효과를 연구하는데, 매년 자선 단체의 '1달러 기부로 연장된 수명' 목록을 발표하고 있다.

오늘날은 좋은 자선 단체를 찾기 쉽다. 3,337.06달러를 기부할 여유가 없는 대학생이라도 아이들 수십 명을 해충으로부터 보호해 신체적, 정신적 발달을 향상시키고 수명을 연장시킬 수 있다. 몇 명의 실명을 치료해 줄 수도 있다. 자선 단체를 통해 누구라도 지금보다 훨씬 더 많은 사람들을 도울 수 있다.

한 아이와 여러 아이들

'물에 빠진 한 아이' 혹은 '굶주린 한 아이' 사례에서 당신은 한 생명을 구해 주고 계속 살아간다. 당신은 3,337.06달러를 잃지만 가난해지지는 않는다.

싱어 원칙은 당신이 '아이 한 명'을 구해야 한다고, 그리고 당신이 그렇게 한 것으로 충분하다고 말하지 않는다. 약한 싱어 원칙도 매우 까다롭다는 것을 기억하라. 싱어 원칙은 당신이 아이들을 구하느라 '도덕적으로 중요한 가치'(약한 버전) 또는 '그에 필적하는 가치'(강한 버전)가 희생될 때까지, 계속해서 더 많은 아이를 구해야 한다고 주문한다.

싱어가 기대하는 것은 당신이 물에 빠진 한 아이를 만나 구해 주라는 게 아니다. 그가 상상하는 것은 여러분이 물에 빠진 아이를 계속 마주치는 상황과 같다. 여러분은 물에 빠진 한 아이를 구하자마자 또 한 아이를 발견하게 된다.

그것이 싱어 주장의 문제점이다. 우리 대부분은 적어도 한 명의 아이를 구해야 한다고 생각한다. 하지만 당신이 직관적으로 한 명의 아이를 구한 것처럼, 추가로 마주치는 아이들도 모두 구해야 한다고 확신할 수는 없다. 대부분의 사람과 나처럼, 당신이 그 아이를 구해야 한다고 생각한다고 해도, 당신이 싱어 원칙에 암묵적으로 따르고 있는 것은 아니다. 싱어 원칙이 당신의 직관을 설명할 수 있는지는 명확하지가 않다.

물에 빠진 한 아이 사례의 변형을 생각해 보자.

물에 빠진 많은 아이들

여러분이 공원을 걷고 있을 때, 물에 빠진 아이들로 가득 찬 거대한 수영장을 보게 됐다. 아이들이 매 순간 계속해서 빠지고 있다. 여러분은 일부 아이들을 구하려고 할 수 있다. 아이를 구할 때마다 3,337.06달러가 든다. 여러분이 구한 아이 중 몇몇은 다시 떨어질지도 모른다. 여러분이 얼마나 많이 구하든 항상 더 많은 아이가 물에 떨어져 빠져 죽기 직전이 될 것이다. 여러분은 평생 수영장에서 아이들을 끌어내며 살아갈 수도 있다.

이 새로운 사고 실험은 앞선 싱어의 두 실험보다 현실 세계와 더 유사하다. 여기서 당신은 직관적으로 물에 빠진 아이들에게 어떻게 반응할지 암묵적으로 알게 된다.

'물에 빠진 많은 아이들' 사례는 '물에 빠진 한 아이'를 몇 번이고 반복하는 것이다. 싱어는 당신이 '물에 빠진 한 아이'를 구하는 것이 의무라고 생각하기 때문에 실험을 몇 번 반복해도 똑같은 판단을 할 것이라고 가정한다. 그러나 당신은 아마도 그렇지 않을 것이다. 당신은 아마 첫 번째 아이는 구해야 한다고 생각하겠지만, 어느 순간 다음 단계로 나아가 아이들이 죽을지라도 당신 자신의 삶을 살려고 할 수 있다.

'물에 빠진 많은 아이들'에서 여러분은 몇 명의 아이들을 구해야 할 의무가 있을까? 만약 여러분이 도덕적으로 중요한 무언가를 희생할 때까지 한 아이당 3,337.06달러의 돈을 써가며 계속 아이들을 구해야만 한다고 생각한다면, 여러분은 진실로 싱어의 원칙을 지키는 것이다. 그러려면 여러분은 자신의 도덕적 판단에 따라 번 돈의 대부분을 기부해야 할 것이다.

아니면 당신은 좀 더 상식적이고 관습적인 도덕률에 따라 몇몇 아이들을 구해야 한다고 생각할 수 있다. 하지만 당신은 어떤 시점에서는 많은 아이가 죽을 것이라는 걸 알면서도 자신의 삶을 살아가도록 허용된다.

이와 유사하게 당신은 자선 단체에 어느 정도는 기부해야 한다고 판단할 것이다. 어떤 시점에서는 당신이 더 많이 줄 수 있음에도 불구하고 당신은 충분히 기부했으며 당신의 삶을 즐기면서 살아가야 할 의무가 있다고 생각할 것이다. 당신은 사람들을 도와야 하지만, 다른 사람들이 살 수 있도록 자신의 삶을 소박하게 살 의무는 없다. 다른 사람들이 죽는 동안에도 당신은 풍족하게 살 수 있다.

거리는 중요하지 않다고 싱어는 말한다. 당신이 만약 물에 빠진 아이를 발견했다면, 좋은 핑계가 없는 한 그 아이를 구하는 것이 좋을 것이라는 점에 당신은 동의할 것이다. 싱어는 '만일 당신이 있는 곳이 아니라 다른 어딘가에서 아이가 물에 빠져 있다는 것을 알게 된다 해도 그게 무슨 차이가 있느냐'고 묻는다. 당신은 약간의 노력만으로 물에 빠진 아이들을 확인할 수 있다. 당신은 조금만 더 노력하면 수천 달러를 주고 그들이 물에 빠지거나 혹은 다른 방식으로 죽는 것을 막는 방법을 찾을 수 있다.

하지만 싱어와는 반대로, 당신이 그 문제에 부딪히느냐 아니냐와는 별개로, 차이가 있을 수 있다. 당신이 채택할 수 있는 두 가지 도덕적인 방침을 생각해 보자.

- 한 명을 구하라 : 나는 처음으로 마주친 물에 빠진 아이를 구할 것이다.
- 그들 모두를 구하라 : 나는 내가 죽기 전에 가능한 한 세상의 모든 죽어 가는 아이들을 구할 것이다.

'한 명을 구하라'와 '그들 모두를 구하라'는 액면 그대로 매우 차이가 큰 방침이다. 싱어는 우리가 '한 명을 구하라'에 주력하는 것이 바로 '그들 모두를 구하라'에 주력하는 것이라는 걸 증명하고 싶어 한다. 하지만 지금까지 그는 그렇게 생각할 강력한 이유를 제시하지 않았다.

이것은 '물에 빠진 아이' 사고 실험이 싱어가 우리에게 자신의 원칙을 믿도록 제대로 역할을 하지 못한다는 점을 보여 준다.

싱어는 이런 비판을 이해하지 못할 것이다. 오히려 자신의 주장을 잘못 이해했다고 맞설 수도 있다. 싱어의 말은 조금만 맞다.

그는 저서 『기근, 풍요, 그리고 도덕』에서 '물에 빠진 아이' 사례가 당신의 직관을 가장 잘 설명하니 그 원칙을 따르라고 말하지 않는다. 그는 "만약 당신이 물에 빠진 아이를 구해야만 한다는 나의 의견에 동의한다면, 당신은 그렇게 행동해서 싱어 원칙을 지켜나갈 것이다"라고 말하지도 않는다.

그는 '물에 빠진 아이' 사례는 싱어 원칙의 한 예시에 불과하다고 말한다. 그 예시를 사용한 것은 싱어 원칙이 어떻게 작동하는지를 설명하기 위해서이지 싱어 원칙이 진실이라는 것을 보여 주기 위함이 아니다. 그게 싱어가 스스로 이해하고 있는 것이고 자신의 주장을 펼쳐가는 방식이다. 나름대로 충분히 공정하다.

하지만 그 사례는 싱어에게 그다지 도움이 되지 않는 것처럼 보인다. 싱어는 자신의 주장이 '물에 빠진 한 아이' 사고 실험을 일반화하거나 반복하는 것에 의존한다고 생각하지 않지만 그 실험을 반복하고 있다. 싱어의 주장이 설득력이 있다고 사람들이 생각하는 이유는 A) 물에 빠진 아이 한 명을 구해야 한다는 것, 그리고 B) 대부분의 수입을 자선 단체에 기부하지 않아도 된다는 것을 알기 때문이다. 싱어 자신도 '물에 빠진 아이' 사고 실험이 가진 영향력을 인정한다. 그는 자신의 인기 저서 『당신이 구할 수 있는 생명The Life You Can Save』의 초반에 이 실험 내용을 소개해 독자들이 싱어 원칙을 지지하도록 하는 데 활용한다.

따라서 사람들이 싱어가 설득력이 있다고 생각하는 한, 실제로 일어나는 일은 이렇게 된다. 독자들은 물에 빠진 한 명의 아이를 구할 의무가 있다는 것에 동의한다. 그러면 싱어는 거리는 중요하지 않다는 것을 독자들에게 설명한다. 독자들은 죽어가는 한 명의 아이를 직접 마주치지 않아도 멀리 있는 아이라도 반드시 구해야 한다는 것에 동의할 것이다. 지금까지는 좋다. 그러나 그는 일관성이 없으면 문제가 될 것이라면서 '만일 독자가 한 명의 생명을 구해야 한다는 것을 인정한다면, 그들은 심각한 자기희생이 될 때까지 여러 생명을 구하는 데 주력해야 한다'고 주장하려 든다. 그러나 이 마지막 단계는 제대로 먹히지 않는다.

사치품을 구입하거나 투자를 하는 것

어떤 사람들은 부자이며 부유한 나라에 산다. 싱어는 그들이 남을 도와줄 의무가 있다고 생각한다. 다른 사람들은 가난하다. 거의 모든 사람이 가난한 나라도 있다. 싱어는 '우리가 그 사람들을 도와줘야 할 강한 의무가 있다'고 주장한다.

하지만 어떻게 일부 사람들은 부자가 돼서 기부할 수 있는 위치에 있게 되었는지 생각해 볼 필요가 있다. 1800년 이전 세계의 95%는 지금 우리가 극심한 빈곤선이라고 생각하는 삶을 살았다. 1900년에는 약 75%가 가난했다. 지금은 10명 중 9명이 극심한 빈곤선 이상에서 살고 있고 아마도 9%의 사람만 가난할 것이다.

일본, 한국, 홍콩, 싱가포르, 그리고 대만은 1950년에는 매우 가난했다. 싱어는 서양인이 추가 수입을 그 나라 국민에게 주어야 할 의무가 있다고 말했을 것이다. 일본, 한국, 홍콩, 싱가포르, 그리고 대만은 2020년에는 매우 부자다. 사실 싱가포르의 평균적인 사람들은 현재 평균적인 미국인보다 더 부자다. 싱어는 오늘날 일본인, 한국인 등이 추가 수입을 나눠줘야 할 의무가 있다고 말할 것이다.

그렇다면 이렇게 질문해야만 한다. 싱어가 생각하는 가난한 나라의 사람들은 도움을 받아야 하는 사람에서 어떻게 도움을 주는 사람이 되었는가?

답은 이것이다. 일본과 한국이 도움이 필요한 나라에서 도움을 줄 수 있는 나라로 바뀐 것은 싱어의 말을 들었기 때문이 아니다. 오히려 싱어의 조언을 무시했기 때문에 그들이 부자가 되었다고 보는 게 정확하다. 지난 60년 동안 이미 부유한 나라의 사람들은 장난감, 트랜지스터 라디오, 스테레오 음향기, 비디오 게임기, VCR, DVD 플레이어, 블루레이 플레이어, 스마트폰, 자동차, 전자 제품, 그리고 필요하지 않은 다양한 사치품들을 이들 나라에서 샀다. 그 결과 그들이 별 쓸모없는 장신구들을 계속 만드는 동안 그들의 국민이 굶어 죽지 않았다. 오히려 그들 나라의 국민은 가난에서 해방되고 부자 국가의 대열에 합류하게 되었다.

오늘날 중국은 중산층의 국가가 되는 방향으로 나아가고 있다. 중국의 어떤 지역들은 꽤 부유하고 다른 지역들은 여전히 가난하다. 중국이 부분적으로 자유화하고, 미국은 물론 다른 나라 사람들이 중국으로부터 하찮은 사치품들을 많이 구입하기 시작했을 때 비로소 중국은 극심한 빈곤에서 벗어나기 시작했다.

부유한 나라들의 원조 덕분에 급격한 붕괴나 완전한 혼란을 피한 나라의 역사적 사례는 많지 않다. 그러한 원조의 결과로 빈곤에서 벗어나 지속적인 성장을 한 나라는 없다. 오히려 지금 부유한 나라들은 모두 세계 시장 경제에 참여해 다른 나라 사람들이 원하는 것들을 적당한 가격에 생산함으로써 부자가 된 것이다.

역사적으로 볼 때, 극단적인 빈곤을 퇴치하는 것은 가난한 사람들에게 돈을 던져 주는 것이 아니다. 싱어가 없애고 싶어 하고 도덕적으로 잘못된 것으로 간주하는 바로 그 형태인 상업에 돈을 던져 주는 것이다.

이와 비슷한 설명이 투자하는 것에도 적용된다. 은행에 현금을 저축하거나 주식을 사는 것은 가만히 앉아서 이윤을 따먹는 것이 아니다. 그 돈이 활용되기 때문이다. 그 돈은 학자금 대출, 사업 대출, 자본 개발, 사회 기반 시설 개발, 개인 대출 및 기타 여러 성장 창출 활동에 사용된다.

물론 모든 투자가 성공하는 것은 아니다. 자선과 투자 사이에는 상충 관계가 있다. 올바른 자선 단체에 3,337.06달러를 기부하면 오늘 바로 한 생명을 구하는 놀랍도록 착한 일을 할 수 있다. 같은 3,337.06달러를 투자하면 100년 후에 거의 45만 달러의 가치를 창출할 수 있다. 추가적인 투자 없이 매년 5% 정도의 수익률로 계산한 것이다. 그 돈이 당장 오늘 한 생명을 구할 수도 있고, 미래의 사람들이 도움받을 필요가 없도록 만들 수도 있다.

지금 당장 누군가를 돕지 말고 항상 투자하라고 말하는 게 절대 아니다. 그냥 반대의 견해를 제시하려고 하는 말도 아니다. 진정한 상충 관계가 존재한다는 것을 알려 주려고 하는 말이다. 세상은 공평하게 돌아가지 않는다. 세상은 우리가 배고픈 사람들에게 오늘 먹을 것을 주는 것과 배고픈 사람들이 내일 스스로 먹을 것을 찾을 수 있도록 해주는 것 중 하나를 선택하게 만든다.

세계 경제를 폐쇄하지 말라

우리는 이런 딜레마에 직면해 있다. '사람들을 지금 구하든지, 아니면 사람들을 구할 필요가 없게 만들도록 투자하고 거래하든지.' 어느 쪽이든 우리는 가치 있는 무언가를 잃는다. 우리는 어떻게 해야 할까?

나는 모든 사람이 굶게 내버려 두고 모든 것을 투자하는 게 정답이라고 생각하지 않는다. 아울러 세계 경제를 폐쇄하고 다른 사람들의 필요에 맞게 모든 것을 소비하자는 것도 분명히 정답이 아니다. 그것은 자체 조건에서 실패하기 때문이다.

예를 들어, 우리가 자급자족할 수 있는 농업 경제에 산다고 상상해 보자. 수확이 안 좋아 사람들이 굶는다. 사람들은 우리가 씨옥수수를 보관하고 있는 저장고에 주목하기 시작한다. 내년에 심으려고 보관하고 있는 옥수수 말이다. 누군가는 그것을 먹자고 제안한다.

우리가 오늘 씨옥수수를 먹는다면 오늘은 굶지 않는다. 우리는 겨울을

견뎌 낸다. 하지만 봄이 오면 우리는 심을 것이 아무것도 없다. 그래서 올 가을이 아니라 내년 가을에 굶는다. 그렇다면 여러분은 씨옥수수를 먹지 말아야 한다는 교훈을 얻는다.

이것이 바로 씨옥수수의 끔찍한 논리이다. 이것은 선진 산업 경제에도 적용된다. 부유한 사람들로 가득 찬 부유한 나라들은 과거의 국민이 자본 축적과 지속 가능한 상업 및 무역에 종사했기 때문에 부유해졌다. 하지만 우리는 지금 어느 정도까지는 그 자본의 상당 부분을 팔아 굶주린 사람들을 먹이고 아픈 사람들을 치료하는 데 사용할 수 있을 것이다. 그렇게 해야 할까?

피터 싱어도 그런 위험성을 인정하고 있다. 그는 다른 사람들이 필요로 하는 것을 충족시키기 위해 경제를 둔화시키는 데는 한계가 있다고 말한다. 만일 매년 GDP의 50%씩 기부한다면 경제가 너무 황폐해져서 결국 25%씩 기부했을 경우보다 더 적게 기부하는 결과를 맞게 될 수도 있다.

싱어가 근무하는 프린스턴 대학은 250억 달러의 기부금을 갖고 있다. 프린스턴 대학은 그중 4~5%를 기금 운영에 사용하고 나머지는 연 5% 이상의 수익을 내는 곳에 투자한다. 결과적으로 프린스턴의 지출은 대부분 지속 가능하며 재산은 지출하는 것 이상으로 불어난다.

프린스턴 대학이 250억 달러의 씨옥수수를 먹어 버리기로 결정했다고 가정해 보자. 프린스턴은 최선의 교육과 연구를 제공하기 위해 올해 250억 달러라는 모든 씨옥수수를 소비하기로 했다. 250억 달러로 프린스턴은 의심의 여지 없이 놀라운 한 해를 보낼 수 있을 것이다. 그러나 내년이 되면 그 돈은 사라진다. 올해의 놀라운 산출은 내년, 혹은 그 후의 산출이 없음을 의미한다. 프린스턴은 불타 없어진다.

철학자 피터 웅거Peter Unger는 피터 싱어보다 훨씬 더 극단적인 입장이다. 그는 『잘살기와 죽어 가게 버려 두기Living High and Letting Die』(1996)라는 책에서 우리에게 이런 상상을 해보라고 말한다.

> 부유한 사람들이 큰 도움이 필요한 사람들을 알게 될 때마다, 비용이 얼마가 들든지 간에, 즉시 그 필요를 충족시키기 위해 움직인다고 상상해 보라. 시간이 지나면 거의 모든 세계 사람들의 기본적인 욕구는 거의 항상 충족될 것이다. 게다가 후손 중 누구라도 예방할 수 있는 고통을 알게 된다면, 그는 고통을 줄이는 데 거의 모든 에너지와 자원을 바칠 것이다.

철학자이자 경제학자인 데이비드 슈미츠David Schmidtz는 『개인, 도시, 지구 : 응용 철학 에세이Person, Polis, Planet: Essays in Applied Philosophy』(2008)에서 웅거의 사고 실험이 일관성이 있는지 의심스럽다고 지적한다.

> 이것은 다음과 같은 논리를 가지고 있다. 서구 세계의 생산 산출물을 따라잡을 수 있다. 세계적인 경쟁이 뒤따른다. 한 나라의 지도자들이 그 산출물을 확보하기 위한 경쟁에서 이기는 길은 그것을 필요로 하는 인구를 갖는 것이다. 하지만 우리가 그 필요를 충족시키기 위해 거의 모든 에너지와 자원을 투입한다면 우리는 어떻게 부유해지게 될까? 웅거는 애초에 번영이 어디에서 온다고 생각하는 걸까?

슈미츠는 우리가 웅거의 지침에 맞춰 살았다고 상상해 보라고 한다. 아무도 영화를 보러 가지 않고 외식도 하지 않는다. 이런 것들은 우리에게 필요하지 않은 사치품들이기 때문이다. 그래서 그런 곳들은 문을 닫고 직원들은 다른 곳에서 일자리를 구해야 한다. 다른 소매점도 마찬가지이다. 우리는 꼭 필요하지 않은 것을 사지 않기 때문이다. 공장들도 같은 이유로 문을 닫는다. 곧 우리 지역 사회에서 사람들이 꼭 필요로 하지 않는 분야나 사업체에서 일하는 사람들은 실직한다. 그들은 대출금을 한 푼도 갚지 않으며 은행도 문을 닫는다. 우리는 예멘의 기아를 1년 동안 막기 위해 많은 돈을 보내지만, 내년에는 우리도 난민이 돼 있을 것이라고 슈미츠는 지적한다.

왜 우리는 아직도 세상을 구하지 못했나

철학자들과 일반인들은 어떤 사람들은 화려하게 살고 다른 사람들은 죽어 간다고 생각한다. 어떤 사람들은 많이 갖고 있고 어떤 사람들은 충분하지 않다고 본다. 그 문제의 해결은 쉬워 보인다. 부와 소득을 더 잘 배분하면 되기 때문이다.

노벨상 수상자인 경제학자 앵거스 디턴Angus Deaton(스코틀랜드 출신의 영국·미국 미시 경제학자. 소비와 빈곤, 복지에 대한 분석으로 2015년 노벨 경제학상을 받았다. - 옮긴이)은 대부분의 경제학자들과 마찬가지로 세계 빈곤을 해결하는 일이 그 정도로 쉽다는 데에 회의적이다. 하지만 그는 돈을 단순하게 이전해 주는 것이 가능하다면 세계 빈곤을 치유하는 일은 그다지 어렵지 않을 것이라고 말한다. 서구가 나머지 사람들을 먹여 살리기 위해 스스로 빈곤에 빠질 필요는 없다는 것이다. 그는 『위대한 도피The Great Escape』(2013)에서 이렇게 말한다.

세계 빈곤에 관한 놀라운 사실 중 하나는, 우리가 마법처럼 세계의 가난한 사람들의 은행 계좌로 돈을 송금할 수 있다면, 그것을 해결하는 데 매우 적은 돈이 들 것이라는 점이다. 2008년 기준 세계에 약 8억 명의 사람들이 하루에 1달러 미만으로 살고 있었다. 평균적으로 이들은 하루에 약 0.28달러가 부족하다. 우리는 하루에 2.5억 달러 미만으로 그 부족분을 보충할 수 있다. 빈곤 국가들의 구매력지수를 고려해 볼 때, 만일 미국인 성인 모두가 하루 0.30달러씩 기부하거나 혹은 영국, 프랑스, 독일, 일본의 모든 성인들로 자발적인 연합체를 만들어 한 사람이 하루에 0.15달러만 기부하게 할 수 있다면 세계 빈곤은 사라질 수 있다.

그것은 매우 쉬워 보인다. 만약 우리가 미국, 영국, 프랑스, 독일의 모든 성인으로부터 매일 15센트(연간 54.75달러)를 극빈 지대에 사는 사람들에게 마법처럼 송금할 수 있다면 극빈층은 사라질 것이다.

어쩌면 그게 그렇게 쉬운데도 우리가 놀라울 정도로 이기적이거나 멍청하기만 했던 셈이다. 하지만 적어도 세금 신고서를 작성하는 25% 정도의 미국인들 중 평균적인 미국인들은 이미 매년 1,000달러가 넘는 돈을 자선 단체에 기부하고 있다. 어쩌면 우리는 이기적인 게 아니고 그저 바보인가 보다. 우리는 세계 빈곤을 해결할 의지가 있는데도 어떤 이유에서인지 그 돈을 형편없이 쓰고 있었다.

디턴은 이런 계산법이 오해의 소지가 있다고 말한다. 제2차 세계대전이 끝난 후 미국과 유럽의 여러 강대국은 가난한 여러 나라에 수천억 달러의 원조를 해줬다. 하지만 결과는 좋지 않았다. 디턴은 이렇게 지적한다.

원조가 꾸준히 증가하는 사이에 성장은 꾸준히 감소했다. 냉전이 끝난 후 원조가 끊어지자 성장이 회복되었다. 냉전 종식으로 아프리카에 대한 원조의 주요한 이유 중 하나가 사라지자 아프리카의 성장은 반등했다. 더 정확히 급소를 찌르는 표현은 '냉전은 끝났고, 아프리카가 승리했다'는 것인데, 이는 서방이 원조를 줄였기 때문이다.

흐리스토스 두쿨리아고스Hristos Doucouliagos(호주 디킨대학교 회계경제금융대학 교수 - 옮긴이)와 마르틴 팔담Martin Paldam(덴마크 오르후스대학교 경제경영학과 교수 - 옮긴이)은 해외 원조에 관한 기존의 경험적 문헌들을 종합 검토 후 '40년간의 개발 원조가 효과적이지 못했다는 증거가 있다'고 결론짓는다. 일반적으로 원조가 도움이 되기보다는 해를 입힐 가능성이 더 크다는 것을 밝혀낸 연구다.

이미 좋은 제도를 가진 나라들에는 원조가 작은 도움이 되지만, 나쁜 제도를 가진 나라들에 주는 원조는 상황을 더 악화시키는 경향이 있다는 것을 경제학자들은 발견했다. (크리스토퍼 코인Christopher Coyne의 『좋은 일 하면서 망쳐 놓기Doing Bad by Doing Good』(2013) 참조. 특히 원조가 부정적 영향을 준다는 논의를 다룬 논문은 해롤드 브룸Harold J. Brumm의 「원조, 정책, 그리고 성장」(2003), 라구람 라잔Raghuram G. Rajan과 아르빈드 수브라마니안Arvind Subramanian의 「원조와 성장」(2008) 등 참조.) 이것은 또한 가장 가난한 사람들이 원조로부터 혜택을 받을 가능성이 가장 적다는 것을 의미한다.

애쎠모글루와 로빈슨은 『국가는 왜 실패하는가』라는 책에서 그 이유를 다음과 같이 설명한다.

부유한 서구 국가들이 세계 빈곤 문제를 해결하기 위해 많은 양의 개발 원조를 제공해야 한다는 생각은 무엇이 빈곤을 불러오는지에 대한 잘못된 이해에 기초한다. 아프가니스탄과 같은 국가들은 그들의 추출적인 제도 때문에 가난하다. 이는 재산권, 법과 질서, 또는 잘 작동하는 법적 제도의 결여를 초래한다. 또 정치 엘리트들, 그리고 더 빈번한 지역 엘리트들의 주민 삶에 대한 정치·경제적인 억압적 지배를 가져온다. 이러한 제도적인 문제가 있다는 것은 외국 원조가 약탈당해 원래 가야 할 곳으로 전달되지 못할 것이므로 그 효과가 크지 않을 것이라는 의미다. 최악의 경우, 원조는 그 지역의 가장 근본적인 문제들의 뿌리인 그 정권을 유지해 줄 것이다.

이들 국가는 엘리트들이 지배하는 정부다. 이들은 자신의 나라와 국민으로부터 자원을 추출해 먹고 살아간다.

국민으로부터 자원과 수입을 빼먹고 살아가는 통치자가 있는 나라에 더 많은 원조를 해주면 권력 유지의 잠재성을 높여 준다. 외국 원조는 나쁜 정부가 자국민들의 지지를 얻지 못해도 지속할 수 있도록 도와준다. 외국 원조는 그 국가 내의 파벌들이 원조를 장악하기 위한 권력 투쟁을 하도록 부추기기도 한다. 필요한 사람들에게 정확히 원조를 제공하는 것은 철학자의 책상머리에서는 쉽게 들리지만, 현실 세계에서는 그렇지 않다.

국가가 협력을 촉진하고 약탈을 억제하며 인적, 물적 자본에 대한 장기적 투자를 장려하는 훌륭한 제도를 가졌다면 부자가 된다. 우리는 국가들이 그러한 제도를 채택하도록 어떻게 유도할 수 있는지는 모른다. 하지만 우리는 그들에게 수십억 달러를 던져 주는 것이 결코 효과가 없었음을 알고 있다.

상식적으로 자선에 대해 생각해 보자. 우리는 가진 여분의 양에 비례해 일부를 자선 단체에 기부해야 한다. 당신의 기부가 충분하다고 말해 줄 기준선은 없다. 그래도 어느 시점에서 당신은 충분히 했고, 당신이 추가로 베푸는 것은 필수적인 게 아니라 존경받을 만한 것이다. 싱어는 조금 더 압박하는 주장을 내놓고 우리를 설득하려고 했지만 성공하지 못했다. 그것이 상식적인 견해를 정당화하는 것은 아니지만, 그런 상식을 거부할 뚜렷한 이유가 없다는 의미이기도 하다.

게다가 일부 도덕론자들이 가정하는 것과는 반대로, 우리가 '필요하지 않은 물건'을 사는 것이 물건을 나눠주는 것보다 빈곤 완화 효과가 훨씬 더 낫다는 기록도 있다. 이것은 우리가 자선 활동을 완전히 회피해야 한다는 의미는 아니다. 특정한 맞춤식 자선 활동은 상당히 훌륭한 성과를 낼 수 있다.

그렇지만 우리는 딜레마에서 벗어나지 못한다. 우리가 여분의 수입을 장기적으로 투자하는 것이 당장 오늘 자선하는 것보다 빈곤 퇴치 능력이 훨씬 크다는 점 때문이다. 우리가 필요하지 않은 물건들을 사는 것 또한 더 장기적인 빈곤 퇴치 능력이 있다. 하지만 오늘 당장 우리의 도움이 필요한 사람들이 있다. 우리가 투자를 선택하든, 소비를 선택하든, 혹은 기부를 하든 우리는 무언가를 잃게 될 것이다.

이 방안 중 어느 것도 현상 유지를 위한 방어라고 받아들여서는 안 된다. 오히려 나는 싱어가 권하는 만큼은 아니더라도 당신이 지금 하는 것보다 더 많은 기부를 해야 한다고 생각한다. 나는 또한 가난한 사람들을 돕는 방식에 근본적인 변화가 필요하다고 생각한다. 예를 들어 부룬디에서 미국으로 이주하는 것을 미국 메릴랜드 주에서 버지니아 주로 이주하는 것만큼 쉽게 해줘야 한다. 이민 경제학을 보면, 이렇게 하는 것이 국제 원조나 자선 단체가 하려는 것보다 세계의 가난한 사람들과 우리 모두에게 훨씬 더 많은 이익이 된다는 걸 알 수 있다. 이건 또 다른 책에서 다룰 내용이다. (브레넌 교수가 공저한 『개방주의 옹호론In Defense of Openness』 (2018) 참조 - 옮긴이)

제7장

부와 혐오

지금까지 다룬 내용은 다음과 같다. 돈을 사랑하는 것은 괜찮다. 돈을 버는 것도 괜찮다. 당신의 나라가 부유한 것도 괜찮다. 다 나눠주기보다 가지고 있는 것도 괜찮다.

이 장에서 나는 돈과 부에 대해 남아 있는 의문 또는 걱정 두 가지를 다룰 것이다.

1. 재산을 과시하거나 사치품에 관심을 두는 것은 치사하고 타락한 것 처럼 보인다.
2. 사람들이 충분히 가졌다고 여기는 지점이 있지 않을까? 우리가 얼 마나 더 잘 먹을 수 있을까? 어느 시점에선가 우리는 경제 성장을 멈추고 더 높은 소명에 집중해야 하지 않을까?

앞 장에서 우리는 피터 싱어가 당신이 소유한 거의 모든 것을 사치품으로 간주한다는 것을 보았다. 엄밀하게 말하면 그런 것이 필요 없기 때문이다. 하지만 나는 이 장에서 사치품에 관한 틀에 박힌 개념에 대해 말하고자 한다. 롤렉스는 고급 시계이고 타이멕스Timex는 그렇지 않다. BMW 7 시리즈는 고급차이지만 쉐비 크루즈Chevy Cruze는 그렇지 않다. 발망은 고급 청바지를 만들고 랭글러는 그렇지 않다. 에르메스는 고급 벨트를 만들고 마리노 애비뉴는 그렇지 않다. 펜더 아메리칸 엘리트 스트라토캐스터는 고급 기타이고 스퀘어 블렛 스트라트는 그렇지 않다.

명품의 문제점은 그것들이 독점적으로 만들어졌다는 데에 있다. 명품의 매력은 품질이 더 우수하다는 것이 아니라(실제로 때때로 그렇지 않다), 많은 사람의 손이 닿지 않는 곳에 남아 있다는 데에 있다. 명품들은 사람들에게 지위를 부여한다. 어떤 사람들은 높여 주고 다른 사람들은 밀어내는 방식을 쓴다.

지위 부여의 문제는 그것이 종종 제로섬 게임이라는 것이다. 세상 모든 사람은 절대적인 의미에서 더 부자가 되고, 더 똑똑해지고, 더 건강해지고, 더 아름다워질 수 있다. 하지만 지위는 순위, 즉 서로를 비교하는 방식을 취한다. 만약 내가 당신이 감당할 수 없는 사치품을 산다면 나는 당신보다 그만큼 더 낫다는 신호를 주려는 것일 수도 있다.

우리 모두 어느 정도는 이렇게 하는데, 사실 이것은 다소 혐오스럽다. 나는 사람들이 부를 혐오하는 것은 시기심과 원망에서 비롯되었다고 생각한다. (사실 철학자들은 평등주의 철학이 시기심을 부추기는 게 아닌지 종종 궁금해한다.) 그런 시기심과 원망은 어느 측면에서는 나쁜 것이다. 하지만 부자들이 자신들의 배타성을 드러내며 신분 과시적인 소비를 하는 것이 원망과 혐오감을 불러오는 것도 사실이다.

두 번째 걱정을 살펴보자. 1930년에 경제학자 존 메이너드 케인스John Maynard Keynes는 「우리 후손의 경제적 가능성」이라는 주목할 만한 논문을 썼다. 그는 100년 후인 2030년까지 영국 사람들이 1930년보다 8배 더 부자가 될 것이며, 전 세계 사람들이 일반적으로 훨씬 더 부자가 될 것이라는 가설을 세웠다. 그의 예측은 정확한 방향으로 가고 있다.

그는 또한, 반드시 2030년까지는 아니더라도, 결국 경제 문제가 본질적으로 해결된다고 생각했다. 아마도 사람들은 부와 돈벌이 자체에 대한 걱정을 그치고 삶의 기술을 익힐 것이다. 그는 우리의 가치관이 바뀌어 일과 절약에 대한 관심을 덜고 예술과 초월적인 가치에 대한 관심을 더 가질 것이라고 생각했다. 그는 1930년 현재 시점에서 돈을 사랑하는 것은 괜찮다고 생각했다. 하지만 2130년이 되면 우리는 너무 부자가 되어 돈을 혐오하게 될지도 모른다.

> 다른 영역에서도 변화가 있을 것이다. 부의 축적이 더는 사회적으로 중요하지 않게 될 때, 도덕률에 커다란 변화가 있을 것이다. 우리는 200년 동안 우리를 괴롭혀 온 사이비 도덕 원칙들을 벗어던질 수 있을 것이다. 그것은 인간의 가장 혐오스러운 자질을 최고 덕목의 위치로 끌어올려 왔다.
>
> 우리는 감히 금전 동기money-motive를 진정한 가치대로 평가할 여유를 가질 수 있을 것이다. 화폐를 소유하려는 애착은 삶의 즐거움에 대한 현실적 수단으로서의 화폐를 사랑하는 것과는 구별된다. 그것은 다소 역겨운 병폐로 인식될 것이다. 절반은 범죄적이고 절반은 병적인 성향 중 하나다.
>
> 부의 분배와 경제적 보상과 벌칙에 영향을 미치는 모든 종류의 사

회적 관습과 경제적 관행들을 마침내 우리는 버릴 수 있을 것이다. 지금은 그것들이 아무리 혐오스럽고 부당하더라도 자본의 축적을 촉진하는 데 엄청나게 유용하기 때문에 우리가 큰 비용을 들여가며 그것을 유지하고 있을 뿐이다.

케인스의 말이 맞는가? 돈을 더 버는 것에 대해 관심을 두지 않는 게 타당한 어떤 시점이 올까? 19세기의 많은 고전학파 경제학자들이 생각했던 것처럼, 우리는 어떤 시점에는 그저 현재의 소득 수준을 유지하고 더 성장하지 않는 정지 상태의 경제에 있어야만 하는가?

신분 추구의 명암

인간은 자연스러운 신분 추구자인 것 같다. 신분 추구가 발현되는 방식은 문화마다 다를 수 있지만, 신분을 추구하지 않는 인간 문화는 존재하지 않는 것 같다.

신분 추구에는 분명한 문제가 있다. 처음에는 제로섬 게임이라는 것이다. 우리 모두 더 똑똑해질 수는 있지만, 모두가 다른 사람들보다 더 똑똑하다는 목표를 달성할 수는 없다. 우리 모두 더 부자가 될 수는 있지만, 모두가 다른 사람들보다 더 부자가 될 수는 없다. 우리 모두 더 예뻐질 수는 있지만, 모두가 다른 사람들보다 더 예쁠 수는 없다.

신분은 순위를 정하는 것이다. 순위가 올라갈 수 있는 유일한 방법은 다른 사람이 내려가는 것뿐이다. 만약 우리가 요술 지팡이를 휘둘러 미국의 모든 대학을 지금보다 두 배 좋게 만든다면 US뉴스앤드월드리포트가 매기는 대학 순위는 변하지 않고 그대로일 것이다. 만약 모든 사람이 두 배 빨라진다면 올림픽 100미터 경기의 순위 결과는 바뀌지 않을 것이다.

신분은 제로섬이기 때문에 신분 추구에는 본질적으로 혐오스러운 점이 있다. 더 높은 신분을 바라는 것은 우월감 때문이다. 자신의 신분을 높이고자 하는 것은 다른 사람의 신분이 낮아지기를 바라는 것과 같다. 하지만 이상적으로 볼 때, 사회적 관계는 모두가 승자가 되는 포지티브섬 게임이 되어야 한다.

이상적으로 생각하면, 사람들은 다른 이보다 더 나은 사람이 되고자 하는 갈증을 극복할 수 있을 것이다. 이상적으로 생각하면, 사람들은 상대적인 조건에서보다는 절대적인 조건에서 공적인 정신, 자애로움, 그리고 뛰어나기를 바라는 욕망에 따라 생산적으로 일하고, 혁신하며, 공동의 이익에 봉사할 것이다.

그러나 불행하게도 인간은 신분 추구자이다. 그들은 시장을 통해서 뿐만 아니라 시장 밖에서도 신분을 높일 재화를 찾는다. 아이러니하게도, 신분 추구에 대한 불평은 그 자체로 종종 신분 추구 활동이며 도덕적 우월성을 표현하는 일이다.

사람들이 신분 추구적이라는 점을 감안할 때, 우리는 이러한 행동을 줄이려고 노력할 수도 있을 것이다. 하지만 나는 큰 희망이 없다고 본다. 따라서 우리는 보편적으로 존재하는 신분 추구라는 제로섬 게임을 포지티브섬 게임으로 변형시킬 방법이 있는지 질문해야 한다.

버나드 맨드빌Bernard Mandeville(네덜란드 태생의 영국 시인. 벌들이 개인적인 이익을 위한 욕망을 포기하면 벌집 경제가 붕괴한다는 내용의 시를 발표해 당시 도덕론자들의 반발을 샀으나 훗날 애덤 스미스 등이 자본주의 경제학의 기초를 쌓는 데 영향을 주었다. 국내에는 그의 또 다른 시집 『꿀벌의 우화 : 개인의 악덕, 사회의 이익』이 번역 출간됐다. - 옮긴이)은 유명한 시 「투덜대는 벌집the Grambling Hive」(1705)에서 시장은 바로 그런 경향이 있다고 주장했다. 그는 다른 벌들의 '욕심과 허영심'을 이용해 돈을 벌려고 노력하는 이기적인 벌들로 가득한 벌집을 상상해 보라고 한다.

그러나 자본주의 체제의 '한 부분 한 부분은 악으로 가득 차' 있어도 '한 덩어리 전체로는 천국'이라고 맨드빌은 노래한다. 심지어 '현재 매우 가난한 사람들도 예전의 부자들보다 더 잘산다'는 것이다. 맨드빌의 기본적인 생각은, 본질적으로 혐오스러운 지위 추구가 장기적으로는 혁신과 경제 성장으로 이어진다는 것이다. 지위 추구 자체는 역겹지만, 시장은 적어도 지위 추구가 인도주의적 결실을 맺도록 이끌 수 있다.

경제학자 프리드리히 하이에크Friedrich A. Hayek는 저서 『자유헌정론The Constitution of Liberty』(1960)에서 다음과 같이 주장한다.

우리의 급속한 경제 발전은 상당 부분 불평등의 결과이며, 불평등 없이는 불가능한 것이다. 빠른 속도로 진보하는 것은 통일된 전선에서 진행될 수 없으며, 반드시 사다리 방식으로 이루어져야 한다. 지식을 확대하는 과정에서, 생산 방법은 알지만 많은 사람에게 제공하기에는 너무 비싼 것이 항상 있게 마련이다. 안락한 집의 편리함, 교통수단, 통신, 오락은 처음에는 제한된 양만 생산할 수 있었다. 하지만 이 과정에서 우리는 점차 훨씬 더 적은 자원을 투입해 그것을 만드는 것을 배웠고 대다수에게 공급하기 시작했다. 부자가 쓴 돈의 상당 부분은, 의도하지 않았어도, 결과적으로 가난한 사람들이 사용할 수 있는 새로운 것들에 대한 실험을 부담한다.

하이에크는 우리가 과거보다 더 부자가 된 이유는 더 많은 자원을 가지고 있기 때문이 아니라고 말할 것이다. 그것은 우리가 기존의 자원을 활용하는 방법에 대해 더 잘 알고 있기 때문이다.

일반적으로 우리가 휴대폰처럼 새로운 것을 만드는 방법을 배울 때, 그것을 하나씩 생산하는 것은 매우 비싸다. 부자들은 처음 생산된 것들을 구입하면서 그것과 관련된 혜택을 먼저 얻지만, 또한 모든 초기 비용을 부담한다. 그들은 그렇게 함으로써 모든 사람이 사용할 수 있도록 만드는 기본적인 인프라에 대한 비용을 치르는 것이다.

부자들은 실험과 혁신에 대한 비용을 지불한다. 또 가난한 사람에게 마케팅할 방법을 찾는 기업가들에게 자금을 지원한다. 오늘날 부유한 나라들이 모두에게 과거의 사치품(TV, 전기, 수세식 화장실)을 제공할 수 있는 이유는, 그 나라들이 과거에 모든 사람이 가질 수 없다는 이유로 그 상품들을 아예 금지한 것이 아니라 소수에게 제공하는 것을 허용했기 때문이다.

시장을 통해 지위를 구매할 수 있도록 허용하는 것은 독특한 특징을 가지고 있다. 일반적으로 지위 물품은 모든 사람이 이용할 수 있는 표준 물품이 되어 간다. 미국 인구 조사에 따르면, 빈곤선 이하 미국 가구의 80.9% 이상이 휴대폰을 가지고 있고, 58.2%가 컴퓨터를 가지고 있다. 또 이들의 83.0%가 에어컨을, 68.7%가 세탁기를, 65.3%가 의류 건조기를, 거의 100%가 냉장고와 난로, 텔레비전을 가지고 있다. 이러한 것들은 대부분 처음 등장했을 때 오직 부자들만이 살 수 있었다.

부자들은 다른 사람들이 살 수 없는 무언가를 갖기 위해 그것들을 구매한다. 그러한 물품을 구매하기로 결정함으로써 부자들은 초기 개발 비용을 지불하고, 이어 그 물품들이 더 넓은 시장에서 이용될 수 있도록 비용을 대는 것이 된다. 지위를 사고자 하는 사람들은 이후에는 더 새롭고 고급스러운 물품들을 구입해야 하며, 그 순환은 반복된다.

렉서스 구매자들은 새롭고 더 나은 엔진과 기술을 개발하도록 도요타에 비용을 지불한다. 도요타는 이 기술을 나중에 표준 자동차에 탑재한다. 어큐라 구매자들은 혼다에, 인피니티 구매자들은 닛산에, 캐딜락 구매자들은 GM에 똑같이 한다. 오늘의 프리미엄은 내일의 표준이 된다.

어쩌면 소형차 중 최고이며 저렴한 혼다의 피트를 생각해 보자. 이 차는 저속 능동 제동장치(사고를 방지하기 위해 차가 스스로 브레이크를 밟는다), 패들 시프트, 음료 홀더 10개, 글로브 박스 두 개, 스티어링 휠 컨트롤, 음성 조절 위성 내비게이션, USB 오디오 인터페이스, mp3와 CD를 재생하는 6개의 스피커를 갖춘 160와트 스테레오 시스템, 터치스크린, 트랙션 컨트롤, 전면 에어백과 커튼 에어백, 전자식 브레이크 분배를 통한 잠김 방지 제동(ABS), 도로와 기상 조건에 맞춰 스로틀을 관리하는 스마트 드라이브 바이 와이어 스로틀 시스템을 갖추고 있다. 또한 1980년대 BMW보다 더 빠른 속도로 정지 상태에서 시속 60마일까지 이를 수 있고 탁월한 연비를 제공한다. 연비를 제외한 모든 기능은 원래 고급 차량 구매자들만 높은 비용을 내고 선택할 수 있었던 것이다.

자신의 우월함을 과시하려는 욕구는 혐오스럽다는 것에 나는 동의한다. 하지만 우리는 그것에 몇 가지 대단히 긍정적인 면이 있다는 것을 인정해야 한다.

부자가 된다는 것의 의미

세계은행은 구매 가격 평가를 조정한 세계 총생산을 2017년에 약 127.5조 달러로 추정했다. 경제 성장 속도가 향후 50년 동안 매년 2.5%의 완만한 속도로 둔화한다고 가정하자. 이 비관적인 가정(사실 세계 생산은 3.5% 이상 성장하고 있다)으로도 2068년까지 세계 총생산은 430조 달러 이상이 될 것이다. 2095년까지 세계의 평균적인 사람들은 현재 평균적인 캐나다 사람이나 독일 사람들만큼 부자가 될 게 틀림없다.

케인스는 낮에는 경제학 논문을 썼지만 밤에는 블룸스버리 그룹 Bloomsbury Group의 지식인들과 함께 시를 읽으며 보냈다. (1906~1930년 케인스와 소설가 버지니아 울프, E. M. 포스터, 리튼 스트레이치 등 영국의 작가, 지식인, 철학자, 예술가 등은 런던 블룸스버리 근처에서 함께 거주하거나 공부했다. 케임브리지 대학 출신 남성과 킹스 칼리지 런던의 여성들인 이들은 매주 금요일 버지니아의 언니인 버네사 벨의 집 거실에 모여 예술, 정치, 철학에 관한 열띤 토론을 벌였다고 한다. - 옮긴이) 그는 일과 생산성에 관한 게 아니라 더 높은 수준의 걱정을 했다. 케인스는 우리가 새로운 도덕적, 지적 위기에 직면할 것이라고 우려했다.

> 창조 이후 처음으로 인간은 진정 영구적인 문제에 직면하게 될 것이다. 현명하고 기분 좋게 잘 살기 위해 억압적인 경제적 고민에서 벗어나 자유를 누리는 것, 과학과 복합적인 관심이 가져다준 여가를 확보하는 것이 그것이다.

케인스의 말에 일리가 있다. 우리가 논의했던 것처럼, 사람들은 과거보다 지금 일을 훨씬 적게 하고 여가에 훨씬 더 많은 시간을 소비한다. 어떤 사람들에게 여가는 뜨개질, 정원 가꾸기, 악기 연주 또는 문학 토론과 같은 의미 있고 생산적인 취미를 추구하는 것을 의미한다. 다른 사람들에게 여가는 축구 경기를 보거나 넷플릭스 몰아보기를 하는 등 소극적인 소비 활동이다. 어떤 사람들에게 여가는 이런 것들의 혼합이다.

케인스가 예측했던 것처럼 사람들의 재산 증가는 도덕적이고 지적인 위기를 초래했다. 어떤 사람들은 소극적인 여가만으로 완벽하게 행복해한다. 어떤 사람들은 무언가를 적극적으로 해야 하며 그렇지 않으면 인생이 의미 없다고 느낀다. 요즘 젊은 성인들은 과거보다 더 '인생 4분의 1의 위기'에 직면할 가능성이 있다. 그것은 자신이 어떤 사람이 될 것인지를 결정해야 하는 것에 대한 실질적인 불안감이다. 어디서 살고 어디서 일할 것인지를 선택하는 것은 자신이 어떤 사람이 될 것인지, 무엇을 가치 있게 여길 것인지, 그리고 누구를 사랑하게 될 것인지를 선택하는 것임을 사람들은 깨닫는다. 오늘날 많은 사람은 전업주부가 되기를 바라면서도 의미 있는 사업 경력을 가지기를 원하는 등 양립할 수 없는 삶의 방식 사이에서 갈팡질팡한다.

케인스는 사람들이 충분히 부자가 됐고 물건은 충분히 갖고 있다고 생각할 것으로 추측했다. 그래서 삶을 의미 있게 하기 위한 새로운 가치와 덕목들을 개발하려고 할 것이라고 봤다. 사람들이 경제적 생산 그 자체보다는 예술적이고 지적인 노력을 지향하고자 할 것으로 예측했다. 사람들이 생산성과 절약이라는 오래된 덕목들을 결국 하찮게 여길 것이라고 봤다. 그 오래된 덕목들은 우리가 고도의 희소성이라는 경제적 문제에 직면했을 때는 유용했지만 그 문제가 극복되고 나면 혐오스러운 것이 될 것이라고 본 것이다.

케인스처럼 나도 장기적으로 풍요가 만들어 내는 '문제들'을 감당하는 인류의 능력에 대해 낙관적이다. 나는 풍요의 시대에 접어들면서 일과 여가에 대한 사람들의 태도가 변화할 것으로 예상한다. 예컨대 100년 전만 해도 일반적인 미국인은 직업에서 '의미'를 찾거나 성취감을 얻는 것에 대해서는 걱정하지 않았다.

케인스와 달리 나는 평형 상태steady-state의 경제, 즉 성장하지 않는 경제의 가능성에 대해 별로 탐탁하게 생각하지 않는다. 나는 항상 더 많은 것을 갖고자 하는 지점이 있을 것으로 생각한다. 나는 '충분하다'는 지점이 있다고 결코 생각하지 않는다. 그 이유로 부정적인 것과 긍정적인 것 두 가지를 제시하겠다.

먼저 부정적인 이유다. 평형 상태의 경제는 정의상 제로섬 경제이다. 경제 성장이 없다면, 한 사람이 부자가 될 수 있는 유일한 방법은 다른 사람이 더 가난해지는 것이다.

앤과 바비라는 두 사람이 있다고 가정하자. 2인 경제의 총 GDP가 영원히 연간 100만 달러로 남아 있다고 가정하자. 앤의 수입이 50만 달러에서 60만 달러로 높아지려면 바비 수입이 50만 달러에서 40만 달러로 내려가야 한다. 그것이 바로 평형 상태의 논리적 함의이다.

이 점을 과장하려는 게 아니다. 보통 철학자가 평형 상태의 경제라는 말을 할 때는 우리가 서로의 경제적 적이 될 정도로 제로 성장의 경제를 유지하도록 강요한다는 것을 의도하지는 않는다. 그들은 그저 대부분의 사람이 각자 가진 것에 만족하고 성장은 별로 없는 경제 체제를 상정하고 있을 뿐이다.

그러나 현실적으로 저성장 하의 사람들은 서로에 대해 반감과 적의를 키울 것 같다. 벤저민 프리드먼Benjamin Friedman도 『경제 성장의 도덕적 결과The Moral Consequences of Economic Growth』(2006)에서 이런 생각을 밝혔다. 저성장 경제에서 사람들은 절망하고 불만족해한다. 아마도 200년 후에는 이런 생각을 하지 않을 것이다. 아마도 우리는 아이들이 우리보다 더 잘살면 좋겠다고 생각할 것이다. 우리는 정말로 모른다.

이번에는 긍정적인 이유다. 나는 부유할수록 의미 있고 멋진 일을 할 수 있는 사람들의 능력에 대해 장기적으로 낙관한다. 사람들은 예술과 새로운 삶의 방식을 실험할 것이라고 기대한다. 그러한 실험 중 일부는 성공적일 것이고, 사람들은 사는 방식과 삶에서 의미를 추출하는 방식을 변화시킬 것이다. 나는 우리가 아직 이해하거나 상상하지 못해도 더 높은 형태의 삶과 예술이 있으며 그것을 성취하기 위해서는 성장이 필요하다고 생각한다.

평범한 예로 비디오 게임을 생각해 보자. 나는 10년에 겨우 한 개의 비디오 게임을 끝낼 정도로 전문 게이머가 아니다. 그럼에도 나는 몇몇 비디오 게임이 예술 작품의 자격이 있다는 것에 동의한다. 닌텐도의 '젤다의 전설 : 야생의 숨결Legend of Zelda: the Breath of the Wild'을 보자. 이 게임은 플레이어들을 완전히 자유롭게 퀘스트를 완성할 수 있는 몰입형의 거대한 열린 세계에 데려다 놓는다. 이 게임은 실험과 기업가 정신을 장려한다. 모든 퍼즐은 십여 가지 방법으로 풀 수도 있고, 무시할 수도 있다. 그것은 또한 죄책감, 두려움, 실패, 투쟁, 책임감, 외로움, 사랑, 그리고 구원에 대한 심오하고 때로는 매우 감동적인 성찰이다. 플레이어가 수동적으로 이야기에 복종하는 것이 아니라 능동적으로 캐릭터를 통제하기 때문에, 이 예술 형식은 사람들이 소설, 영화, 뮤지컬 또는 연극에서는 불가능한 방식으로 감정을 경험하고 표출할 수 있도록 해준다. 나는 게임 개발자들이 이 예술 작품을 만드는 데 1억 달러가 아니라 5조 달러를 쓸 수 있었다면 무엇을 할 수 있었을지 보고 싶다.

마르크스주의 철학자 G. A. 코헨은 돈은 자유의 한 형태라고 주장했다. 가진 것이 많을수록 더 많은 것을 할 수 있다. 부는 세상으로 가는 티켓이다. 그 이상으로, 부는 새로운 세계를 건설하고 탐험할 수 있게 하는 역량이다. 만약 당신이 나처럼 새롭고 더 나은 삶의 방식을 찾고 개발하는 인류의 장기적 능력에 대한 근본적인 믿음을 공유한다면, 당신은 우리 후손들이 가능한 한 이런 종류의 자유를 가지기를 원할 것이다. 장기적으로 보면 우리 후손들은 신으로, 또는 상상 속의 신으로 살 수도 있다. 나는 후손들에게 그런 기회를 주고 싶다.

철학자 토마스 홉스Thomas Hobbes는 『리바이어던Leviathan』(1651)에서 '권력에 대한 영구적인 욕망은 죽어야 멈춘다'라는 유명한 말을 남겼다.

대부분의 사람은 보통 이것을 듣거나 읽을 때 홉스가 인간 본성에 대해 비관적인 견해를 가지고 있으며, 모든 사람이 권력을 갖고 다른 사람들을 지배하고 싶어 한다는 의미로 생각한다.

그렇지 않다. 오히려 홉스는 '권력'을 미래 선을 얻기 위한 역량이나 수단으로 정의한다. 홉스가 말하는 '계속되는 권력에 대한 영구적 욕망'이란 사람들이 선을 확보하기 위한 역량을 확장하고자 하는 끊임없는 욕망을 갖고 있다는 의미이다. 나아가 홉스는 이러한 인간의 동기가 전적으로 이성적이라고 본다. 결국 그는 온건한 권력을 가진 사람조차도 살아가거나 잘살 수 있는 수단을 잃을 위협에 처해 있다고 말한다. 더 많은 것을 원하는 건 당연하다. 왜냐면 우리가 가진 것이 많을수록 우리는 취약하지 않기 때문이다.

부자가 된다는 것은 홉스가 말하는 권력을 갖는 것이다. 부는 일반적으로 우리의 목적을 달성하는 능력을 증대시킨다. 부는 우리를 위해와 위험으로부터 벗어나게 해준다. 부는 진정으로 우리 자신만의 삶을 영위할 수 있는 능력과 세상이 제공하는 즐거움을 경험할 수 있는 능력을 확장해 준다. 부는 낯선 사람들이 수십억 명의 규모로 협력할 수 있도록 해주며, 차이를 무시할 수 있도록 격려해 준다.

Acemoglu, Daron, Simon Johnson, and James A. Robinson. 2001. "The Colonial Origins of Comparative Development: An Empirical Investigation." *American Economic Review* 91: 1369-1401.

Acemoglu, Daron, Simon Johnson, and James A. Robinson. 2002. "Reversal of Fortune: Geography and Institutions in the Making of World Income Distribution." *Quarterly Journal of Economics* 117: 1231-1294.

Acemoglu, Daron, Simon Johnson, and James A. Robinson. 2005. "Institutions as a Fundamental Cause of Long-Run Growth." In *Handbook of Economic Growth*, Vol. 1A, edited by Philippe Aghion and Steven N. Darlauf. Amsterdam: Elsevier.

Acemoglu, Daron, and James A. Robinson. 2005. "Unbundling Institutions." *Journal of Political Economy* 113: 949-995.

Acemoglu, Daron, and James A. Robinson. 2013. *Why Nations Fails.* New York: Crown Business.

Al-Ubayli, Omar, Daniel Houser, John Nye, Maria Pia Paganelli, and Xiaofei Sophia Pan. 2013. "The Causal Effect of Market Priming on Trust: An Experimental Investigation Using Randomized Control." *PLoS One* 8 (3): e55968. doi:10.1371/journal.pone.0055968.

Anderson, Elizabeth. 2000a. "Why Commercial Surrogate Motherhood Unethically Commodifies Women and Children: Reply to McLachlan and Swales." *Health Care Analysis* 8: 19-26.

Anderson, Elizabeth. 2000b. "Beyond Homo Economicus: New Developments in Theories of Social Norms." *Philosophy and Public Affairs* 29: 170-200.

Archard, David. 1999. "Selling Yourself: Titmuss's Argument Against a Market in Blood." *Journal of Ethics* 6: 87-102.

Arezki, Rabah, Frederick van der Ploeg, and Frederik Toscani. 2019. "The Shifting Natural Wealth of Nations: The Role of Market Orientation." *Journal of Development Economics* 138: 228-245.

Ariely, Dan, Ximena Garcia-Rada, Lars Hornuf, and Heather Mann. 2014. "The (True) Legacy of Two Really Existing Economic Systems." *Munich Bibliography Discussion*

Paper No. 2014-26. https://papers.ssrn.com/sol3/papers.cfm?abstract_id=2457000.

Ariely, Dan, and Heather Mann. 2013. "A Bird's Eye View of Unethical Behavior: Commentary on Trautmann et al." *Perspectives on Psychological Science* 8: 498-500.

Banerjee, Abhijit, and Esther Duflo. 2011. *Poor Economics.* New York: Public Affairs.

Baptist, Edward. 2016. *The Half Has Never Been Told.* New York: Basic Books.

Barber, Benjamin. 2008. *Consumed.* New York: W. W. Norton and Company.

Bauer, Peter T. 2000. *From Subsistence to Exchange.* Princeton: Princeton University Press.

Becker, Gary. 1957. *The Economics of Discrimination.* Chicago: University of Chicago Press.

Beckert, Sven. 2014. *Empire of Cotton.* New York: Penguin.

Beckert, Sven. 2015. *Empire of Cotton.* New York: Vintage.

Benhabib, Seyla. 2004. *The Rights of Others.* New York: Cambridge University Press.

Berggren, Niclas, and Therese Nilsson. 2013. "Does Economic Freedom Foster Tolerance?" *Kyklos* 66: 177-207.

Berlin, Isaiah. 1997. "Two Concepts of Liberty." In *The Proper Study of Mankind.* New York: Farrar, Straus, Giroux.

Bhattacharjee, Amit, Jason Dana, and Jonathan Baron. 2017. "Anti-Profit Beliefs: How People Neglect the Societal Benefits of Profit."
Journal of Personality and Social Psy-chology 113: 671.

Bloch, Maurice, and Jonathan Parry. 1989. *Money and the Morality of Exchange.* New York: Cambridge University Press.

Boom, Paul. 2013. Just Babies: *The Origins of Good and Evil.* New York: Crown.

Boswell, Samuel. 2008. *The Life of Johnson.* New York: Penguin.

Brennan, Jason. 2005. "Choice and Excellence: A Defense of Millian Individualism." *Social Theory and Practice* 31: 483-498.

Brennan, Jason. 2014. *Why Not Capitalism?* New York: Routledge Press.

Brennan, Jason, and Peter Jaworski. 2015. "Markets Without Symbolic Limits." *Ethics* 125: 1053-1077.

Brennan, Jason, and Peter Jaworski. 2016. *Markets Without Limits.* New York: Routledge Press.

Brian, Craig, and Brian Lowery. 2009. *1001 Quotations That Connect: Timeless Wisdom for Preaching, Teaching, and Writing.* Grand Rapids: Zondervan Press.

Brumm, Harold J. 2003. "Aid, Policies, and Growth: Bauer Was Right." *Cato Journal* 23: 167-174.

Burnside, Craig, and David Dollar. 2000. "Aid, Policies, and Growth." *American Economic Review* 90: 847-868.

Camera, Gabriele, Marco Casari, and Maria Bigoni. 2013. "Money and Trust Among Strangers." *Proceedings of the National Academy of Sciences* 110: 14889-14893.

Cameron, Judy, and W. David Pierce. 1994. "Reinforcement, Reward, and Intrinsic Motivation: A Meta-Analysis." *Review of Educational Research* 64: 363-423.

Carter, Susan B., Scott Sigmund Gartner, Michael R. Haines, Alan L. Olmstead, Richard Sutch, and Gavin Wright, eds. 2006. *Historical Statistics of the United States: Earliest Times to the Present*. New York: Cambridge University Press.

Cikara, Mina, and Susan T. Fiske. 2012. "Stereotypes and Schadenfreude: Affective and Physiological Markers of Pleasure at Outgroup Misfortunes." *Social Psychological and Personality Science* 3: 63-71.

Clark, Gregory. 2008. *A Farewell to Alms*. Princeton: Princeton University Press.

Coelho, Philip R. P. 1973. "The Profitability of Imperialism: The British Experience in the West Indies." *Explorations in Economic History* 10: 253-280.

Cohen, G. A. 1995. *Self-Ownership, Freedom, and Equality*. New York: Cambridge University Press.

Cohen, G. A. 2008. *Why Not Socialism?* Princeton: Princeton University Press.

Collier, Paul. 2007. *The Bottom Billion: Why the Poorest Countries Are Failing and What Can Be Done About It*. New York: Oxford University Press.

Conrad, Alfred, and John Meyer. 1958. "The Economics of Slavery in the Antebellum South." *Journal of Political Economy* 66: 95-130.

Cowen, Tyler. 2002. *Creative Destruction*. Princeton: Princeton University Press.

Cowen, Tyler. 2018. *Stubborn Attachments*. San Francisco: Stripe Press.

Cowen, Tyler, and Alex Tabarrok. 2010. *Modern Principles of Economics*. New York: Worth.

Coyne, Christopher. 2013. *Doing Bad by Doing Good: Why Humanitarian Aid Fails*. Stanford: Stanford University Press.

Cunningham Wood, John. 1983. *British Economists and the Empire*. New York: St. Martin's Press.

Davis, Lance E., and Robert A. Huttenback. 1982. "The Political Economy of British Imperialism: Measures of Benefits and Support." *Journal of Economic History* 42:

119-130.

Davis, Lance E., and Robert A. Huttenback. 1987. *Mammon and Empire*. New York: Cambridge University Press.

De Soto, Hernando. 2000. *The Mystery of Capital*. New York: Basic Books.

Deaton, Angus. 2013. *The Great Escape*. Princeton: Princeton University Press.

Deci, E. L., R. Koestner, and R. M. Ryan. 1999. "A Meta-Analytic Review of Experiments Examining the Effects of Extrinsic Rewards on Intrinsic Motivation." *Psychological Bulletin* 125: 627-668.

Delong, Brad. 2002. *Macroeconomics*. New York: McGraw-Hill.

Diener, E., Richard E. Lucas, and Christie Napa Scollon. 2009. "Beyond the Hedonic Treadmill: Revising the Adaptation Theory of Well-Being." In *The Science of Well-Being*, 103-118. Dordrecht: Springer.

Doucouliagos, Hristos, and Martin Paldam. 2006. "Aid Effectiveness on Accumulation: A Meta Study." *Kyklos* 59: 227-254.

Doucouliagos, Hristos, and Martin Paldam. 2009. "The Aid Effectiveness Literature: The Sad Results of 40 Years of Research." *Journal of Economic Surveys* 23: 433-461.

Durante, Federica, Courney Beans Tablante, and Susan Fiske. 2017. "Poor but Warm, Rich but Cold (and Competent), Social Classes on the Stereotype Model." *Journal of Social Issues* 73: 138-157.

Easterbrook, Gregg. 2004. *The Progress Paradox*. New York: Random House.

Easterlin, Richard A. 1974. "Does Economic Growth Improve the Human Lot? Some Empirical Evidence." In *Nations and Households in Economic Growth*, edited by R. David and R. Reder, 89-125. New York: Academic Press.

Easterlin, Richard A. 1995. "Will Raising the Incomes of All Increase the Happiness of All?" *Journal of Economic Behavior & Organization* 27: 35-47.

Easterly, William. 2002. *The Elusive Quest for Growth*. Cambridge, MA: MIT Press.

Easterly, William. 2006. *The White Man's Burden*. Oxford University Press.

Easterly, William, Roberta Gatti, and Sergio Kurlat. 2006. "Development, Democracy, and Mass Killings." *Journal of Economic Growth* 11: 129-156.

Easterly, William, and Ross Levine. 2003. "Tropics, Germs, and Crops: How Endowments Influence Economic Development." *Journal of Monetary Economics* 50: 3-39.

Easterly, William, Ross Levine, and David Roodman. 2004. "Aid, Policies, and Growth: Comment." *American Economic Review* 94: 774-780.

Easterly, William, and Yaw Nyarko. 2009. "Is the Brain Drain Good for Africa?" In *Skilled Immigration Today: Prospects, Problems, and Policies*, edited by Jagdish Bhagwati and Gordon Hanson. Oxford University Press.

Edelstein, Michael. 1982. *Overseas Investment in the Age of High Imperialism: The United Kingdom,* 1850-1914. New York: Columbia University Press.

Eisenberger, Robert, and Judy Cameron. 1996. "Detrimental Effects of Reward: Reality or Myth?" *American Psychologist* 51: 1154-1166.

Elbadawi, I. A. 1999. "External Aid: Help or Hindrance to Export Orientation in Africa." *Journal of African Economics* 8: 578-616.

Engerman, Stanley L. 2017. "Review of *The Business of Slavery and the Rise of American Capitalism,* 1815-1860 by Calvin Schermerhorn and *The Half Has Never Been Told* by Edward E. Baptist." *Journal of Economic Literature* 55: 637-643.

Engerman, Stanley L., and Kenneth L. Sokoloff. 1997. "Factor Endowments, Institutions, and Differential Paths of Growth Among New World Economies." In *How Latin America Fell Behind,* 260-304. Stanford: Stanford University Press.

Engerman, Stanley L., and Kenneth L. Sokoloff. 2002. *Factor Endowments, Inequality, and Paths of Development Among New World Economics.* No. w9259. National Bureau of Economic Research.

Fabre, Cécile. 2006. *Whose Body Is It Anyway?* New York: Oxford University Press.

Fieldhouse, D. K. 1961. "'Imperialism': A Historiographical Revision." *Economic History Review* 14: 187-209.

Finkel, Eli. 2017. *The All or Nothing Marriage.* New York: Dutton.

Foreman-Peck, J. 1989. "Foreign Investment and Imperial Exploitation: Balance of Payments Reconstruction for Nineteenth-Century Britain and India." *Economic History Review* 42: 354-374.

Francois, P., and T. Van Ypersele. 2009. "Doux Commerces: Does Market Competition Cause Trust?" *CEPR Discussion Paper* No. DP7368.

Frank, Robert. 1984. "Are Workers Paid Their Marginal Products?" *American Economic Review* 74: 549-571.

Frederick, Shane, and George Loewenstein. 1999. "16 Hedonic Adaptation." In *Well-Being: The Foundations of Hedonic Psychology,* edited by D. Kahneman, E. Diener, and N. Schwarz, 302-329. New York: Russell Sage.

Freidman, Benjamin. 2006. *The Moral Consequences of Economic Growth.* New York: Vintage.

Gorman, Linda. 2013. "Discrimination." In *The Concise Encyclopedia of Economics*, 2013 online ed. www.econlib.org/library/Enc1/Discrimination.html.

Grier, Robert. 1999. "Colonial Legacies and Economic Growth." *Public Choice* 98: 317-335.

Gwartney, James, Robert Lawson, and Joshua Hall. 2015. *Economic Freedom of the World, 2014 Report.* Vancouver: Fraser Institute.

Gwartney, James, Robert Lawson, and Joshua Hall. 2017. *Economic Freedom of the World, 2016 Report.* Vancouver: Fraser Institute.

Hall, Joshua, and Robert A. Lawson. 2014. "Economic Freedom of the World: An Accounting of the Literature." *Contemporary Economic Policy* 32: 1-19.

Hall, Joshua, and Robert A. Lawson. 2015. "Economic Freedom of the World: An Accounting of the Literature." *Contemporary Economic Policy* 32: 1-19.

Hall, Robert, and Charles Jones. 1999. "Why Do Some Countries Produce so Much More Output per Worker than Others?" *Quarterly Journal of Economics* 114: 83-116.

Hansen, Henrik, and Finn Tarp. 2001. "Aid and Growth Regressions." *Journal of Devel-opment Economics* 64: 547-570.

Hariri, Yuval Noah. 2015. *Sapiens.* New York: Harper.

Hayek, F. A. 1960. *The Constitution of Liberty.* Chicago: University of Chicago Press.

Henrich, J., R. Boyd, S. Bowles, C. Camerer, E. Fehr, H. Gintis, and R. McElreath. 2001. "In Search of Homo Economicus: Behavioral Experiments in 15 Small-Scale Societies." *The American Economic Review* 91: 73-78.

Hobbes, Thomas. 1994. *Leviathan.* Indianapolis: Hackett.

Hoffman, Mitchell, and John Morgan. 2015. "Who's Naughty? Who's Nice? Experiments on Whether Pro-Social Workers Are Selected Out of Cutthroat Business Environments." *Journal of Economic Behavior & Organization* 109: 173-187.

Hubbard, R. Glenn, and William Duggan. 2009. *The Aid Trap: Hard Truths About Ending Poverty.* New York: Columbia Business School Publishing.

Isaacson, Walter. 2009. *Steve Jobs.* New York: Simon and Schuster.

Isen, Adam. 2015. "Dying to Know: Are Workers Paid Their Marginal Products?" *Working Paper,* Wharton School of Business.

Jaworsi, Peter, and William English. 2019. "Paid Plasma Has Not Decreased Unpaid Blood Donations." *Working Paper.*

Jha, Saumitra. 2013. "Trade, Institutions, and Ethnic Tolerance: Evidence from South

Asia." *American Political Science Review* 107: 806-832.

Johnson, Walter. 2013. *River of Dark Dreams*. Cambridge, MA: Belknap Press.

Kahneman, Daniel. 2006. "The Sad Tale of the Aspirational Treadmill." In *The World Question Center*, edited by John Brockman. www.edge.org/q2008/q08_17. html#kahneman.

Karlan, Dean, and Jacob Appel. 2011. *More than Good Intentions: Improving the Ways the Poor Borrow, Save, Learn, and Stay Healthy*. New York: Plume.

Keynes, John Maynard. 1930. "Economic Possibilities for Our Grandchildren." www. econ.yale.edu/smith/econ116a/keynes1.pdf.

Krugman, Paul, and Robin Wells. 2012. *Microeconomics*. 3rd ed. New York: Worth Publishers.

Lacetera, N., M. Macis, and R. Slonim. 2013. "Economic Rewards to Motivate Blood Donations." *Science* 340: 927-928.

Landes, David. 1999. *The Wealth and Poverty of Nations: Why Some Are So Rich and Some Are So Poor*. New York: W. W. Norton and Co.

Lebergott, Stanley. 1981. "Thought the Blockade: The Profitability and Extent of Cotton Smuggling, 1861-1865." *The Journal of Economic History* 41: 867-888.

Leeson, Peter. 2010. "Two Cheers for Capitalism?" *Society* 47: 227-233.

Lensink, R., and H. White. 2001. "Are There Negative Returns to Aid?" *Journal of De-velopment Studies* 37: 42-65.

Levitt, Steven, and Stephen Dubner. 2008. *Freakonomics*. New York: William Morrow.

Liu, Chang-Jiang, Yue Zhang, and Fang Hao. 2017. "An Implicit Stereotype of the Rich and Its Relation to Psychological Connectedness." *Journal of Pacific Rim Psychology* 11: e7.

Lyubomirsky, Sonja. 2010. "11 Hedonic Adaptation to Positive and Negative Experiences." In *The Oxford Handbook of Stress, Health, and Coping*, 200-224. New York: Oxford University Press.

MacAskill, William. 2015. *Doing Good Better*. New York: Avery.

Maddison, Angus. 2003. *Contours of the World Economy, 1-2030 AD: Essays in Macro-Economic History*. New York: Oxford University Press.

Magness, Philip. 2018. "Classical Liberalism and the 'New' History of Capitalism." In *What Is Classical Liberal History*, edited by Michael Douma and Phillip Magness, 17-38. Landham, MD: Lexington Books.

Mancini, Anthony D., George A. Bonanno, and Andrew E. Clark. 2011. "Stepping Off the Hedonic Treadmill." *Journal of Individual Differences* 32: 144-152.

Mandeville, Bernard. 1988. *The Fable of the Bees.* Indianapolis: Liberty Fund.

Mankiw, N. Gregory. 2014. *Principles of Economics.* 7th ed. New York: Cengage Learning.

McCloskey, Deirdre. 1992. *If You're so Smart.* Chicago: University of Chicago Press.

McCloskey, Deirdre. 2006. *The Bourgeois Virtues.* Chicago: University of Chicago Press.

McCloskey, Deirdre. 2011. *Bourgeois Dignity.* Chicago: University of Chicago Press.

McDonald, Paul. 2009. "Those Who Forget Historiography Are Doomed to Republish It: Empire, Imperialism, and Contemporary Debates About American Power." *Review of International Studies* 35: 45-67.

Meyer, David R. 1988. "The Industrial Retardation of Southern Cities, 1860-1880." *Explorations in Economic History* 25 (4): 366-386.

Meyer, John R. 2017. *The Economics of Slavery: And Other Studies in Econometric History.* Routledge.

Milanovic, Branko. 2007. *The Haves and the Have Nots.* New York: Basic Books.

Mitchell, Terence R., and Amy E. Mickel. 1999. "The Meaning of Money: An Individual-Difference Perspective." *Academy of Management Review* 24: 568-578.

Mochon, Daniel, Michael I. Norton, and Dan Ariely. 2008. "Getting Off the Hedonic Treadmill, One Step at a Time: The Impact of Regular Religious Practice and Exercise on Well-Being." *Journal of Economic Psychology* 29: 632-642.

Moyo, Dambiso. 2009. *Dead Aid: Why Aid Is Not Working and How There Is a Better Way for Africa.* London: Farrar, Straus, and Giroux.

Murray, J. E., A. L. Olmstead, T. D. Logan, J. B. Pritchett, and P. L. Rousseau. 2015. "Roundtable: The Half Has Never Been Told: Slavery and the Making of American Capitalism. By Edward E. Baptist." *The Journal of Economic History* 75 (3): 919-931.

Nord, Mark, Alisha Coleman-Jensen, Margaret Andrews, and Steven Carlson. 2010. "Household Food Security in the United States, 2009." *U.S. Department of Agriculture, Economic Research Service Report* No. 108, November.

Nordhaus, William. 2010. "Economic Aspects of Global Warming in a Post-Copenhagen Environment." *PNAS* 107: 11721-11726.

Nordhaus, William. 2013. *The Climate Casino.* New Haven: Yale University Press.

North, Douglas. 1990. *Institutions, Institutional Change, and Economic Performance.* New York: Cambridge University Press.

North, Douglas, John Joseph Wallis, and Barry Weingast. 2012. *Violence and Social Orders.* Cambridge: Cambridge University Press.

Nunn, Nathan. 2008. "Slavery, Inequality, and Economic Development in the Americas." *Institutions and Economic Performance* 15: 148-180.

O'Brien, Patrick. 1988. "The Costs and Benefits of British Imperialism, 1846-1914." *Past and Present* 120: 163-200.

Offer, Avner. 1993. "The British Empire, 1870-1914: A Waste of Money?" *Economic History Review* 46: 215-238.

Olmstead, Alan, and Paul W. Rhode. 2018. "Cotton, Slavery, and the New History of Capitalism." *Explorations in Economic History* 67: 1-17.

Ostrom, Elinor, ed. 2003. *Trust and Reciprocity: Interdisciplinary Lessons from Experimental Research.* New York: Russell Sage.

Piff, Paul K., et al. 2012. "Higher Social Class Predicts Increased Unethical Behavior." *Proceedings of the National Academy of Sciences* 109: 4086-4091.

Pinker, Steven. 2002. *The Blank Slate.* New York: Penguin.

Pogge, Thomas. 2001. "Eradicating Systemic Poverty: Brief for a Global Resources Dividend." *Journal of Human Development* 2: 59-77.

Radin, Margaret Jane. 1989. "Justice and the Market Domain." *Nomos* 31: 165-197.

Rahula, Bhikkhu Basnagoda. 2008. *The Buddha's Teachings on Prosperity.* Wisdom Publications.

Rajan, Raghuram G., and Arvind Subramanian. 2008. "Aid and Growth: What Does the Cross-Country Evidence Really Show?" *Review of Economics and Statistics* 90: 643-665.

Ransom, Roger, and Richard Sutch. 1988. "Capitalists Without Capital: The Burden of Slavery and the Impact of Emancipation." *Agricultural History* 62: 130-166.

Rathbone, Matthew. 2015. "Love, Money and Madness: Money in the Economic Philosophies of Adam Smith and Jean-Jacques Rousseau." *South African Journal of Philosophy* 34: 379-389.

Renwick Monroe, Kristen. 2017."Biology, Psychology, Ethics, and Politics: An Innate Moral Sense?" In *On Human Nature,* edited by Michael Tibayrenc and Francisco Ayala, 757-770. New York: Academic Press.

Renwick Monroe, Kristen, Adam Martin, and Priyanka Ghosh. 2009. "Politics and an Innate Moral Sense: Scientific Evidence for an Old Theory?" *Political Research Quarterly* 62: 614-634.

Ricardo, David. 1817. *On the Principles of Political Economy and Taxation.* London: John Murray.

Risse, Mathias. 2005. "Does the Global Order Harm the Poor?" *Philosophy and Public Affairs* 33: 349-376.

Roback, Jennifer. 1986. "The Political Economy of Segregation: The Case of Segregated Streetcars." *Journal of Economic History* 56: 893-917.

Rodrik, Dani, Arvind Subramanian, and Francisco Trebbi. 2004. "Institutions Rule: The Primacy of Institutions Over Geography and Integration in Economic Development." *Journal of Economic Growth* 9: 131-165.

Roland, Gérard. 2014. *Development Economics.* New York: Pearson.

Rousseau, Jean-Jacques. 1985. *A Discourse on Inequality.* Reprint ed. New York: Penguin.

Sacerdote, Bruce. 2019. "Fifty Years of Growth in American Consumption, Income, and Wages." *NBER Working Paper* No. 23292. www.nber.org/papers/w23292.

Sandel, Michael. 2012. *What Money Can't Buy.* New York: Farrar, Straus, and Giroux.

Satz, Debra. 2010. *Why Some Things Should Not Be for Sale.* New York: Oxford University Press.

Schmidtz, David. 2006. *Elements of Justice.* New York: Cambridge University Press.

Schmidtz, David. 2008. *Person, Polis, Planet: Essays in Applied Philosophy.* New York: Oxford University Press.

Schmidtz, David, and Jason Brennan. 2010. *A Brief History of Liberty.* Oxford: Wiley-Blackwell.

Schopenhauer, Arthur. 2004. *The Wisdom of Life.* Mineola: Dover Publications.

Simler, Kevin, and Robin Hanson. 2019. *The Elephant in the Brain.* New York: Oxford University Press, 2018.

Singer, Peter. 1972. "Famine, Affluence, and Morality." *Philosophy and Public Affairs* 1: 229-243.

Singer, Peter. 2010. *The Life You Can Save.* New York: Random House.

Smith, Adam. 1904 [1776].
An Inquiry Into the Nature and Causes of the Wealth of Nations. London: Methuen and Co. www.econlib.org/library/Smith/smWN.html#.

Sokoloff, Kenneth L., and Stanley L. Engerman. 2000. "Institutions, Factor Endowments, and Paths of Development in the New World." *Journal of Economic Perspec-tives* 14: 217-232.

Stern, Nicholas. 2007. *The Economics of Climate Change: The Stern Review.* New York: Cambridge University Press.

Stevenson, Betsey, and Justin Wolfers. 2008. "Economic Growth and Subjective Well-Being: Reassessing the Easterlin Paradox." *Brookings Papers on Economic Activity* 39: 1-102.

Stevenson, Betsey, and Justin Wolfers. 2009. "The Paradox of Declining Female Happiness." *American Economic Journal* 1: 190-255.

Surdam, D. G. 1998. "King Cotton: Monarch or Pretender? The State of the Market for Raw Cotton on the Eve of the American Civil War." *Economic History Review* 55: 113-132.

Sutch, Richard. 1965. "The Profitability of Ante Bellum Slavery–Revisited." *Southern Economic Journal* 31 (April): 365-377.

Svorny, Shirley. 2004. "Licensing Doctors: Do Economists Agree?" *Econ Journal Watch* 1: 279-305.

Tetlock, Philip. 2000. "Coping with Trade-Offs: Psychological Constraints and Political Implications." In *Elements of Reason: Cognition, Choice, and the Bounds of Rationality,* edited by Arthur Lupia, Matthrew D. McCubbins, and Samuel L. Popkin. New York: Cambridge University Press.

Tosi, Justin, and Brandon Warmke. 2020. *Moral Grandstanding.* New York: Oxford University Press.

Unger, Peter. 1996. *Living High and Letting Die.* Oxford University Press.

United Nations, Department of Economic and Social Affairs, Population Division. 2015. "World Population Prospects: The 2015 Revision, Key Findings and Advance Tables." *Working Paper* No. ESA/P/WP.241.

van der Vossen, Bas, and Jason Brennan. 2018. *In Defense of Openness.* New York: Oxford University Press.

Von Neumann, John, and Oskar Morgenstern. 1944. *Theory of Games and Economic Behavior.* Princeton: Princeton University Press.

Weil, David. 2013. *Economic Growth.* 3rd ed. New York: Pearson.

Whaples, R. 1995. "Where Is There Consensus Among American Economic Historians? The Results of a Survey on Forty Propositions." *The Journal of Economic History* 55: 139-154.

Whillans, Ashley, Elizabeth Dunn, Paul Smeets, Rene Bekkers, and Michael Norton. 2017. "Buying Time Promotes Happiness." *PNAS* 32: 8523-8527.

Wright, Gavin. 2006. *Slavery and American Economic Development*. Baton Rouge: LSU Press.

Wright, Robert. 2017. *The Poverty of Slavery*. New York: Palgrave MacMillan.

Wu, Stephen. 2001. "Adapting to Heart Conditions: A Test of the Hedonic Treadmill." *Journal of Health Economics* 20: 495-507.

Zak, Paul, and Stephen Knack. 2001. "Trust and Growth." *Economic Journal* 111: 295-321.

Zelizer, Viviana. 1981. "The Price and Value of Children: The Case of Children's Insurance." *American Journal of Sociology* 86: 1036-1056.

Zelizer, Viviana. 1989. "The Social Meaning of Money: 'Special Moneys'." *American Journal of Sociology* 95: 342-377.

Zelizer, Viviana. 1994. *Pricing the Priceless Child: The Changing Social Value of Children*. New York: Princeton University Press.

Zelizer, Viviana. 1997. *The Social Meaning of Money*. Princeton: Princeton University Press.

Zelizer, Viviana. 2007. *The Purchase of Intimacy*. Princeton: Princeton University Press.

Zelizer, Viviana. 2013. *Economic Lives: How Culture Shapes the Economy*. Princeton: Princeton University Press.

– 철학적이고 경제학적인 통찰

부자가 된다는 것

초판 1쇄 인쇄   2024년 2월 19일
초판 1쇄 발행   2024년 2월 26일

지은이   제이슨 브레넌
옮긴이   홍권희

펴낸이   김연홍
펴낸곳   아라크네

출판등록   1999년 10월 12일 제2-2945호
주소   서울시 마포구 성미산로 187 아라크네빌딩 5층(연남동)
전화   02-334-3887   팩스   02-334-2068

ISBN 979-11-5774-756-6 03300